GRAMMAIRE PRATIQUE DU FRANÇAIS

en **80 fiches**

Y. Delatour

D. Jennepin

M. Léon-Dufour

B. Teyssier

Professeurs aux Cours de Civilisation française
de la Sorbonne

HACHETTE
Livre
Français langue étrangère

www.hachettefle.fr

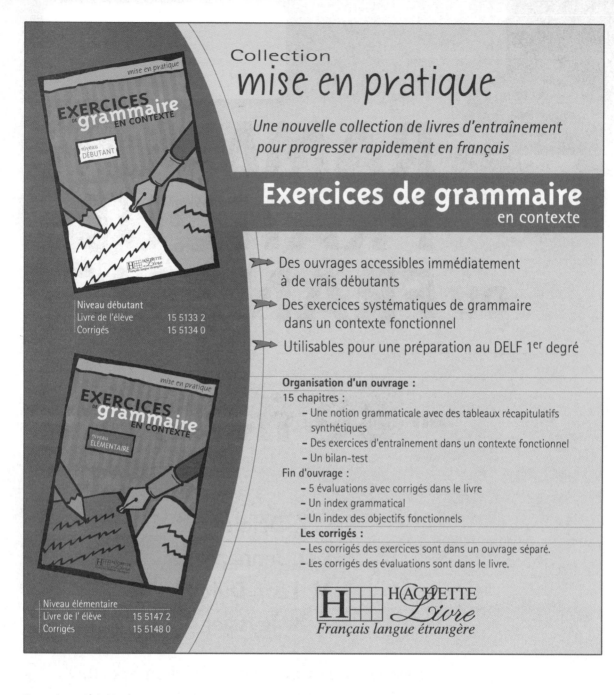

Couverture : Alain Vambacas

Illustrations : Natacha de Molènes

Conception graphique et réalisation : Mosaïque

ISBN : 2 01 15 5131-5

© HACHETTE LIVRE 2000, 43, quai de Grenelle, 75905 PARIS CEDEX 15

Avant-propos

La *Grammaire pratique du français* s'adresse aux étudiants de français langue étrangère débutants. Accessible dès les premiers mois d'apprentissage, elle aborde tous les points indispensables pour comprendre et parler la langue pendant les premières années de français.

Elle s'appuie sur l'expérience et le savoir-faire des auteurs des Cours de Civilisation française de la Sorbonne qui, depuis des années, aident les étudiants débutants à découvrir et à maîtriser la langue française.

■ **La *Grammaire pratique du français* présente la langue de manière simple.**

Chaque chapitre se présente comme un cours progressif organisé sous forme de fiches pratiques. L'explication est très simple, avec peu de métalangage. Elle présente les formes grammaticales puis leur emploi grâce à de nombreux exemples qui évoquent la vie quotidienne. Les éléments sont traités du plus facile au plus complexe.

La réflexion sur les difficultés de la langue est présentée avec des rubriques claires pour aider l'étudiant. Certaines apportent un complément d'information sur des points particuliers ou moins fréquents [REMARQUE] ; d'autres signalent les erreurs les plus courantes [NE DITES PAS … MAIS DITES] ; d'autres permettent une synthèse soit en comparant, soit en résumant [COMPAREZ, RÉSUMONS].
Enfin les points traités dans différents chapitres du livre font l'objet de renvois (cf. la présentation visuelle pages 4 et 5).

La langue est décrite de manière classique et complète. L'ordre des chapitres donne une vision d'ensemble de la grammaire française. L'étudiant peut consulter la grammaire sans ordre précis, au gré des besoins, grâce à la table des matières et à l'index qui recense toutes les occurrences présentées.

■ **La *Grammaire pratique du français* présente la langue de manière active.**

Les notions expliquées sont reprises dans une rubrique **Parlons** qui propose des situations de communication de la vie quotidienne, illustrées par des dessins. Cette rubrique permet de lire du français en contexte, de manière ludique et agréable.

Chaque fiche se termine par une rubrique **Mettre en pratique** qui contient des exercices d'application du point étudié. L'étudiant peut ainsi manipuler la langue et vérifier son savoir-faire en utilisant les corrigés.

Chaque chapitre se termine par un **Bilan** avec des exercices de révision des points abordés dans l'ensemble des fiches du chapitre et par un exercice **Delf**.
Les exercices Delf ont été réalisés avec la collaboration de Sylvie Pons, professeur à l'Alliance française de Paris.

Afin de faciliter l'utilisation du livre en autonomie, un livret de corrigés de tous les exercices est inclus dans l'ouvrage.

Le point de grammaire

- présentation
  d'un point précis du chapitre

- énoncé de la règle

- explications et exemples

- NE DITES PAS … MAIS DITES
  relève les erreurs les plus courantes

- REMARQUE
  attire l'attention sur un point particulier

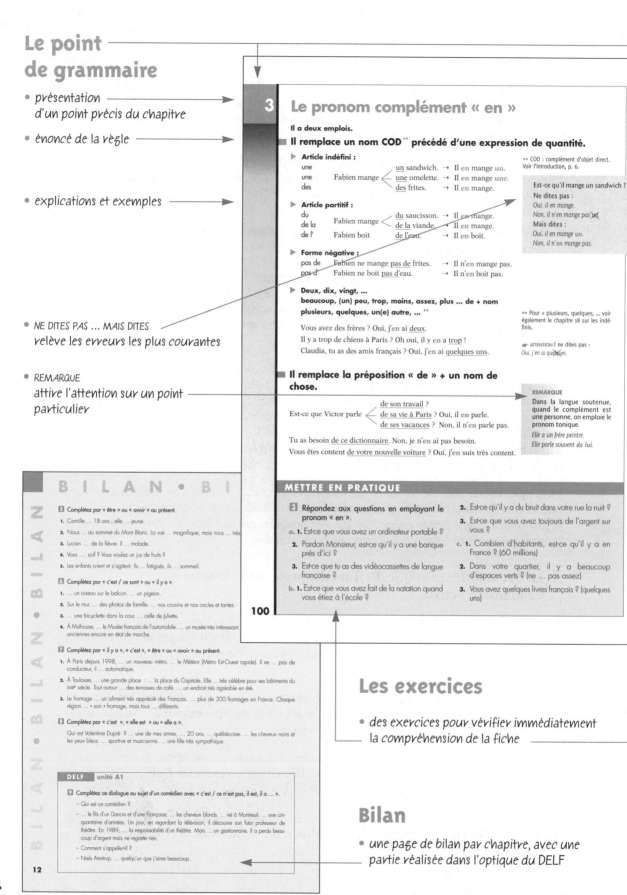

3 — Le pronom complément « en »

Il a deux emplois.

Il remplace un nom COD précédé d'une expression de quantité.**

▶ **Article indéfini :**

une
une — Fabien mange — un sandwich. → Il en mange un.
des — une omelette. → Il en mange une.
— des frites. → Il en mange.

** COD : complément d'objet direct.
Voir l'Introduction, p. 6.

> Est-ce qu'il mange un sandwich ?
> Ne dites pas :
> *Oui, il en mange.*
> *Non, il n'en mange pas.*
> Mais dites :
> *Oui, il en mange un.*
> *Non, il n'en mange pas.*

▶ **Article partitif :**

du
de la — Fabien mange — du saucisson. → Il en mange.
de l' — Fabien boit — de la viande. → Il en mange.
— de l'eau. → Il en boit.

▶ **Forme négative :**

pas de — Fabien ne mange pas de frites. → Il n'en mange pas.
pas d' — Fabien ne boit pas d'eau. → Il n'en boit pas.

▶ **Deux, dix, vingt, …**
beaucoup, (un) peu, trop, moins, assez, plus … de + nom
plusieurs, quelques, un(e) autre, … **

Vous avez des frères ? Oui, j'en ai deux.
Il y a trop de chiens à Paris ? Oh oui, il y en a trop !
Claudia, tu as des amis français ? Oui, j'en ai quelques uns.

** Pour « plusieurs, quelques, … » voir
également le chapitre 18 sur les indéfinis.

☞ ATTENTION ! ne dites pas :
Oui, j'en ai quelques.

Il remplace la préposition « de » + un nom de chose.

Est-ce que Victor parle — de son travail ?
— de sa vie à Paris ? Oui, il en parle.
— de ses vacances ? Non, il n'en parle pas.

Tu as besoin de ce dictionnaire. Non, je n'en ai pas besoin.
Vous êtes content de votre nouvelle voiture ? Oui, j'en suis très content.

> REMARQUE
> Dans la langue soutenue, quand le complément est une personne, on emploie le pronom tonique.
> *Elle a un frère peintre.*
> *Elle parle souvent de lui.*

METTRE EN PRATIQUE

3 Répondez aux questions en employant le pronom « en ».

a. 1. Est-ce que vous avez un ordinateur portable ?

2. Pardon Monsieur, est-ce qu'il y a une banque près d'ici ?

3. Est-ce que tu as des vidéocassettes de langue française ?

b. 1. Est-ce que vous avez fait de la natation quand vous étiez à l'école ?

2. Est-ce qu'il y a du bruit dans votre rue la nuit ?

3. Est-ce que vous avez toujours de l'argent sur vous ?

c. 1. Combien d'habitants, est-ce qu'il y a en France ? (60 millions)

2. Dans votre quartier, il y a beaucoup d'espaces verts ? (ne … pas assez)

3. Vous avez quelques livres français ? (quelques uns)

100

B I L A N • B I L

5 Complétez par « être » ou « avoir » au présent.

1. Camille … 18 ans ; elle … jeune.

2. Nous … au sommet du Mont Blanc. La vue … magnifique, mais nous … très

3. Lucien … de la fièvre. Il … malade.

4. Vous … soif ? Vous voulez un jus de fruits ?

5. Les enfants crient et s'agitent. Ils … fatigués, ils … sommeil.

6 Complétez par « c'est / ce sont » ou « il y a ».

1. … un oiseau sur le balcon. … un pigeon.

2. Sur le mur, … des photos de famille. … nos cousins et nos oncles et tantes.

3. … une bicyclette dans la cour. … celle de Juliette.

4. À Mulhouse, … le Musée français de l'automobile. … un musée très intéressant. … anciennes encore en état de marche.

7 Complétez par « il y a », « c'est », « être » ou « avoir » au présent.

1. À Paris depuis 1998, … un nouveau métro. … le Météor (Métro Est-Ouest rapide). Il ne … pas de conducteur, il … automatique.

2. À Toulouse, … une grande place : … la place du Capitole. Elle … très célèbre pour ses bâtiments du xviiie siècle. Tout autour … des terrasses de café. … un endroit très agréable en été.

3. Le fromage … un aliment très apprécié des Français. … plus de 300 fromages en France. Chaque région … « son » fromage, mais tous … différents.

8 Complétez par « c'est », « elle est » ou « elle a ».

Qui est Valentine Dupré ? … une de mes amies, … 20 ans, … québécoise. … les cheveux noirs et les yeux bleus. … sportive et musicienne. … une fille très sympathique.

DELF unité A1

9 Complétez ce dialogue au sujet d'un comédien avec « c'est / ce n'est pas, il est, il a … ».

– Qui est ce comédien ?

– … le fils d'un Danois et d'une Française. … les cheveux blonds. … né à Montreuil. … une cinquantaine d'années. Un jour, en regardant la télévision, il découvre son futur professeur de théâtre. En 1989, … la responsabilité d'un théâtre. Mais … un gestionnaire. Il a perdu beaucoup d'argent mais ne regrette rien.

– Comment s'appelle-t-il ?

– Niels Arestrup. … quelqu'un que j'aime beaucoup.

12

Les exercices

- des exercices pour vérifier immédiatement la compréhension de la fiche

Bilan

- une page de bilan par chapitre, avec une partie réalisée dans l'optique du DELF

Les pronoms compléments « le, la, les »

Ils remplacent un nom de personne et de chose COD précédé par un :

▶ **article défini :**   le, la, les

▶ **adjectif possessif :**   mon, ton, son, …   ⟩ + nom

▶ **adjectif démonstratif :** ce, cet, cette, ces

> Ne dites pas :
> Il l'aime / il l'aime
> Mais dites :
> Il l'aime / il l'aime

Est-ce que Victor regarde ⟨ la photo de Marie ?
                      sa photo ?   → Oui, il la regarde.
                      cette photo ?   → Non, il ne la regarde pas

Tu connais Simon depuis longtemps ? Oh oui, je le connais depuis vingt ans. Et sa femme, tu l'as déjà rencontrée ? Oui, je l'ai déjà vue deux ou trois fois. Et leurs enfants ? Non, je ne les connais pas**.

> ** Pour l'accord du participe passé avec « la » ou « les », voir le chapitre 10, p. 55.
> *Ces photos, je les ai prises en Italie.*

COMPAREZ

en = quantité	le / la / les = nom déterminé
J'ai acheté un magnétoscope hier. → J'en ai acheté un.	J'ai acheté ce magnétoscope hier. → Je l'ai acheté hier.
Henri écoute souvent de la musique classique. → Il en écoute souvent.	Henri écoute souvent la radio. → Il l'écoute souvent.
Anne regarde quelques émissions sportives. → Elle en regarde quelques-unes.	Anne regarde les émissions sportives. → Elle les regarde.

Le pronom « le » peut remplacer une partie de phrase.

Tu sais que Marie attend un enfant ? Oui bien sûr, elle le dit à tout le monde.
                             (le = attendre un enfant)

Je dois m'occuper de mon jardin, je le ferai dimanche.
             (le = s'occuper de son jardin)

METTRE EN PRATIQUE

4 Remplacez les mots soulignés par « en » ou « le, la, les ».

1. Jean fait du golf tous les samedis.
– Il pratique ce sport depuis peu de temps.

2. Les Bonnard ont vendu leur appartement de Lyon il y a un an.

– Ils ont acheté une maison dans les Alpes.

3. Pierre filme ses enfants sur la plage.
– Pierre fait beaucoup de films.

4. Catherine boit un verre de jus d'orange le matin.
– Catherine a pris son jus d'orange ce matin.

- renvoi à un chapitre pour trouver des explications complémentaires

- COMPAREZ
  insiste sur 2 points difficiles en les opposant

...ase exprime l'habitude, on emploie :

  ... → présent
...en vacances, nous laissons toujours la clé chez le gardien.
...« ou « quand »)

...Z

...us prenons le café sur la terrasse.
    (habitude)

...us prendrons le café sur la terrasse.
    (possibilité)

...ter la condition quand elle est négative.

...e passerai te voir ce soir ; si je n'ai pas le temps, je passerai demain.
...e passerai te voir ce soir ; sinon je passerai demain.

...de soleil, sinon vous aurez mal aux yeux !
    (sinon = si vous ne mettez pas de lunettes)

Même si

« Même si » exprime à la fois la condition et l'opposition.
Elisabeth est toujours souriante, même si elle a des problèmes.
Je dors toujours la fenêtre ouverte, même s'il fait très froid.

PARLONS !

En vacances
Qu'est-ce qu'on fait ce soir ?   *Si on allait au cinéma ?*   *Si on jouait au « Trivial Poursuit » ?*
                          Si on allait se balader ?   *Si on prenait un bain de minuit ?*

Parlons

- une rubrique communicative replace le point de grammaire dans une situation de la vie quotidienne

L'ORGANISATION DE LA PHRASE

1 La phrase simple

Elle comprend en général un sujet et un verbe. (L'un ou l'autre peut être sous-entendu.)

Le soleil brille.
(sujet)   (verbe)

▶ **La phrase peut être**
- interrogative : **Est-ce que** tu comprends **?**   (voir chapitre 3)
- affirmative : Oui, je comprends.
- négative : Non, je **ne** comprends **pas.**   (voir chapitre 2)
- impérative : Entrez !   (voir chapitre 9)
- exclamative : Quel temps !   (voir chapitre 28)

Le sujet

▶ **Le sujet peut être**
- un nom : **Barbara** chante.   (voir chapitre 13)
- un pronom personnel : **Elle** chante.   (voir chapitre 20)
- un pronom indéfini : **Quelqu'un** chante.   (voir chapitre 17)
- un pronom interrogatif : **Qui** chante **?**   (voir chapitre 3)

Le verbe et le groupe verbal

▶ **Le verbe s'accorde avec le** sujet.

L'oiseau chante.   Les oiseaux chantent.

▶ **Le verbe est conjugué à** un mode **et à** un temps. **Chaque mode a une valeur particulière.**

L'indicatif est l'expression de la réalité.   Alban vient dîner samedi.   (voir chap. 5)

Le subjonctif est l'expression du **sentiment.**   Je suis content qu'Alban vienne dîner.   (chap. 7)

Le conditionnel est l'expression d'une éventualité.   Alban viendrait dîner s'il avait le temps. (chap. 8)

L'impératif est l'expression d'un ordre.   Alban, viens dîner samedi !   (voir chap. 9)

▶ **Le verbe peut être modifié par un** adverbe.   (voir chapitre 23)

La voiture roule vite.

▶ **Le verbe peut être complété par :**   (voir Les constructions verbales, p. 174)
- **un adjectif :**   Barbara est jolie.
- **un complément d'objet direct** : COD (il n'y a pas de préposition entre le verbe et le complément)
  nom :   Adrien aime **Barbara.**
  infinitif :   Barbara aime **danser.**
- **un complément d'objet indirect** précédé de « à » ou « de » : COI
  nom :   Adrien pense **à Barbara.**
      Adrien et Barbara parlent **de leurs vacances.**
  infinitif :   L'enfant commence **à marcher.**
      L'enfant essaie **de parler.**

▶ **Beaucoup de verbes sont suivis de deux compléments****   ** Voir les constructions verbales, p. 174.

– verbe + COD + COI	Barbara **pose** une question **à son professeur**.
– verbe + COI + de + infinitif ou nom	Adrien **a demandé** à Barbara **de venir** à 8 heures.
	Adrien **parle** à Barbara **de leur mariage**.
– verbe + COD + à + infinitif	Adrien **invite** Barbara **à dîner**.

■ **Les compléments circonstanciels**

Le groupe verbal peut être complété par des informations sur :

1.	le temps	Barbara et Adrien se marieront **au mois de juillet**.	(voir chapitre 24)
2.	le lieu	Ils feront une fête **à la campagne**.	
3.	le but	Jennifer est venue en France **pour le mariage de son amie**.	(voir chapitre 26)
4.	la cause	Barbara n'a pas pu se marier en juin **à cause de ses examens**.	(voir chapitre 25)
5.	la manière	Jennifer est venue **en avion**.	
6.	l'opposition	**Malgré la pluie**, la fête a été très réussie.	(voir chapitre 26)

---

2 | La phrase complexe

Elle comprend au moins deux propositions : une proposition principale et une ou plusieurs propositions subordonnées.

▶ **subordonnée relative**   (voir chapitre 21)

Tout le monde regarde à la télévision le match **qui a lieu au grand Stade de France**.

▶ **subordonnée complétive introduite par « que »** (voir chapitre 6)

Henri espère **que son équipe va gagner le match**.

▶ **subordonnée de temps**   (voir chapitre 24)

Le père d'Henri regarde toujours le match à la télévision **quand son fils joue**.

▶ **subordonnée de cause**   (voir chapitre 25)

Le match s'arrête **parce qu'il pleut**.

▶ **subordonnée de but**   (voir chapitre 26)

De nombreuses équipes de télévision sont présentes **pour que le monde entier puisse suivre le match**.

▶ **subordonnée de condition**   (voir chapitre 26)

Si l'équipe d'Henri gagne le match, elle participera à la finale.

▶ **subordonnée d'opposition**   (voir chapitre 26)

Bien qu'il pleuve, le match continue.

Les verbes « être » et « avoir » sont employés de deux manières :
– comme verbes,
– comme auxiliaires pour former les temps composés.

1 Le verbe « être » ˙˙

●● Pour la formation des temps composés avec « être », voir le chapitre 5 sur les temps de l'indicatif.

On emploie le verbe « être »

■ Pour décrire

▶ **« être » + adjectif**

Sophie **est** très <u>sympathique</u>.
À Paris, les autobus **sont** <u>verts et blancs</u>.

Beaucoup d'expressions (être à la mode, en pleine forme, …) sont employées comme des adjectifs.

Caroline **est**
— française.
— blonde.
— en pleine forme.

Ces chaussures **sont**
— blanches.
— en cuir.
— à la mode.

> Ne dites pas :
> *Madame Dumont est une française*
> Mais dites :
> *Madame Dumont est française.*

▶ **« être » + nom de profession (sans article)**

Je **suis** <u>informaticien</u>.
Madame Dumont **est** <u>violoniste</u>.
Nicolas et Frédéric **sont** <u>étudiants</u> à la Sorbonne.

■ Pour identifier

> **REMARQUE**
> Pour présenter, on peut aussi employer : voici, voilà.
> **Voici** un cadeau pour Lucie.
> **Voilà** mon cousin Pierre.

▶ **avec « je, tu, nous, vous »**

Bonjour ! Je **suis** <u>Madame Roy</u>. Je **suis** <u>votre nouveau professeur</u>.
Vous **êtes** <u>M. Dulac</u> ? Vous **êtes** bien <u>le gardien</u> de l'immeuble ?

▶ **avec le présentatif « c'est, ce sont »**

Qui est-ce ?   **C'est** Pierre ? Oui, **c'est** lui.
                      Ce sont des amis de ma fille.

Qu'est-ce que c'est ? **C'est** un cadeau pour Lucie.
                      Ce sont des verres à champagne.

> Ne dites pas :
> *Il est le copain d'Antoine.*
> Mais dites :
> *C'est le copain d'Antoine.*

	Identification « C'est » + article + nom	Description « Il/elle est » + adjectif / profession
Qui est ce jeune homme ? Voilà Madame Durand. Ces fleurs, qu'est-ce que c'est ?	**C'est** un copain d'Antoine. **C'est** une journaliste connue. **Ce sont** des tulipes.	**Il est** photographe comme lui. **Elle est** journaliste à Paris-Match. **Elles sont** très belles.

■ Pour situer dans le temps et dans l'espace

▶ **dans le temps**

Nous **sommes** le 1er avril 2000.

▶ **dans l'espace**

Tous les noms	Noms géographiques
il / elle est **ils / elles sont**	**c'est**
Où est la maison de Victor Hugo ?	Où sont les Vosges ?
Elle est Place des Vosges.	**C'est** en France.
Où sont les enfants ?	Où est New York ?
Ils sont dans le jardin.	**C'est** aux États-Unis.

■ Pour apprécier (avec un adjectif)

En général	En particulier	
C'est	Elle **est**	Il **est**
	Elles **sont**	Ils **sont**

Les glaces, **c'est** délicieux !

Cette glace à la vanille, **elle est** vraiment délicieuse !

Le café, **c'est** agréable après un repas.

Il est très fort, ce café !

Un dictionnaire, **c'est** très utile !

Ce dictionnaire, **il est** vraiment très bien fait.

■ Pour mettre en relief

Le présentatif « **c'est** » sert aussi à insister sur un ou plusieurs mots.

▶ **« C'est / ce sont ... qui / que »** (pronoms relatifs**)

•• Voir le chapitre 21 sur les pronoms relatifs, p. 108.

Tu as une nouvelle montre ? Oui, ma mère me l'a donnée.

→ Oui, **c'est** <u>ma mère</u> **qui** me l'a donnée.

Qui t'a téléphoné hier soir ? **C'est** <u>une fille</u> **que** tu ne connais pas.

J'ai toujours un bouquet de roses chez moi. **Ce sont** <u>des fleurs</u> **que** j'adore.

▶ **« C'est ... que » sert à insister sur une partie de la phrase.**

J'habite en banlieue mais j'aimerais bien vivre <u>à Paris</u>.

→ J'habite en banlieue, mais **c'est** <u>à Paris</u> **que** j'aimerais bien vivre.

Alors, nous allons chez vous mardi ? Mais non, **c'est** <u>lundi</u> **que** vous devez venir chez nous.

PARLONS !

Appréciation

– *Paris la nuit, c'est beau !*

   – *Le rap, c'est à la mode !*

Faire du sport, c'est bon pour la santé !

La plongée sous-marine, c'est génial !

– *La vie à Paris, métro, boulot, dodo, c'est dur !*

   – *L'hiver, une soirée au coin du feu, c'est sympa !*

METTRE EN PRATIQUE

1   Complétez par « c'est / ce sont » ou « il (elle) est / ils (elles) sont ».

1. … un fauteuil ; … très confortable.
… une étudiante ; … italienne.
… des abricots ; … bien mûrs.
… un joueur de foot ; … très populaire.

2. Qui gouverne la France ? … le Premier ministre.
De quel parti est-il ? … socialiste.

Comment est votre maison ? … très grande.
Une grande maison, … agréable.

Qui parle avec le professeur ? … des étudiantes.
De quelle nationalité sont-elles ? … japonaises.

Où est Londres ? … en Angleterre.
Où est ton petit chat ? … sous le lit.

2   Imitez le modèle.

Ex. Roland Duval – acteur – acteur célèbre.
→ *Roland Duval est acteur, c'est un acteur célèbre.*

1. Monsieur Vigne – professeur – excellent professeur.

2. Klaus – étudiant – étudiant allemand.

3. Elton John – chanteur – chanteur très connu.

4. Madame Durand – infirmière – infirmière très aimée de ses malades.

5. Patrick – menuisier – menuisier très habile.

3   Imitez le modèle.

Ex. Chagall a peint le plafond de l'Opéra (c'est … qui)
→ *C'est Chagall qui a peint le plafond de l'Opéra.*

1. Le coureur n°25 est arrivé le premier de la course. (c'est … qui)

2. Je n'aime pas la veste noire. Je préfère la veste rouge. (c'est … que)

3. Dans ce texte, je ne comprends pas ce mot. (c'est … que)

4. Alain réservera la table au restaurant. (c'est … qui)

5. On plante les tulipes en automne. (c'est … que)

6. Victor Hugo a habité dans cette maison pendant dix ans. (c'est … que)

2 Le verbe « avoir »··

On emploie le verbe « avoir » :

■ Pour exprimer la possession··

Les Marceau **ont** une maison de vacances en Bretagne.
Tu **as** une voiture ? Oui, j'**ai** une Renault.
J'**ai** trois frères mais je n'**ai** pas de sœurs.

■ Pour décrire

Ingrid **a** vingt ans.
Mes deux sœurs **ont** les yeux bleus et les cheveux blonds.
Cet immeuble **a** dix étages.

■ Pour situer dans l'espace : « il y a »

▶ **Le verbe est toujours au singulier.**

Il y a une lampe sur le bureau.
Demain, **il y aura** une compétition de judo dans notre école.

▶ **« Il y a » ou « c'est »**

« Il y a » présente une chose ou une personne, **« c'est »** identifie cette chose ou cette personne.

Il y a une église au bout de la rue, **c'est** l'église Notre-Dame des Fleurs.
Sur cette photo, au centre **il y a** deux personnes âgées ; **ce sont** mes grands-parents.

·· Pour la formation des temps composés avec « avoir », voir le chapitre 5 sur les temps de l'indicatif.

·· Pour l'expression de la possession, voir le chapitre 15 sur les possessifs, p. 78.

☞ ATTENTION ! ne dites pas :
Ingrid est vingt ans.

☞ ATTENTION ! ne dites pas :
C'est une lampe sur le bureau.

PARLONS !

– *Qu'est-ce que tu as ? Tu n'as pas l'air en forme.*
J'ai faim / j'ai soif.
J'ai froid / chaud
J'ai sommeil.
J'ai mal au dos et à la tête.
J'ai peur de l'examen.
J'ai besoin de vacances.

– *Tu pleures ? Qu'est-ce qu'il y a ?*

– *J'ai des tas de choses à faire ! J'ai des lettres à écrire, des coups de téléphone à donner …*

METTRE EN PRATIQUE

4 Répondez aux questions en employant « il y a, il y avait, il y aura ».

Ex. Qu'est-ce qu'il y a dans votre cartable ? → *Il y a une trousse, des cahiers, des livres, …*

1. Qu'est-ce qu'il y a dans votre chambre ?

2. Qu'est-ce qu'il y a dans une cuisine ?

3. Qu'est-ce qu'il y avait à la télévision hier soir ?

4. Qu'est-ce qu'il y aura comme dessert ce soir ?

5 Complétez par « être » ou « avoir » au présent.

1. Camille … 18 ans ; elle … jeune.

2. Nous … au sommet du Mont Blanc. La vue … magnifique, mais nous … très froid.

3. Lucien … de la fièvre. Il … malade.

4. Vous … soif ? Vous voulez un jus de fruits ?

5. Les enfants crient et s'agitent. Ils … fatigués, ils … sommeil.

6 Complétez par « c'est / ce sont » ou « il y a ».

1. … un oiseau sur le balcon. … un pigeon.

2. Sur le mur, … des photos de famille. … nos cousins et nos oncles et tantes.

3. … une bicyclette dans la cour. … celle de Juliette.

4. À Mulhouse, … le Musée français de l'automobile. … un musée très intéressant. … beaucoup de voitures anciennes encore en état de marche.

7 Complétez par « il y a », « c'est », « être » ou « avoir » au présent.

1. À Paris depuis 1998, … un nouveau métro. … le Météor (Métro Est-Ouest rapide). Il ne … pas de conducteur, il … automatique.

2. À Toulouse, … une grande place : … la place du Capitole. Elle … très célèbre pour ses bâtiments du XVIIIe siècle. Tout autour … des terrasses de café. … un endroit très agréable en été.

3. Le fromage … un aliment très apprécié des Français. … plus de 300 fromages en France. Chaque région … « son » fromage, mais tous … différents.

8 Complétez par « c'est », « elle est » ou « elle a ».

Qui est Valentine Dupré ? … une de mes amies, … 20 ans, … québécoise. … les cheveux noirs et les yeux bleus. … sportive et musicienne. … une fille très sympathique.

DELF unité A1

9 Complétez ce dialogue au sujet d'un comédien avec « c'est / ce n'est pas, il est, il a … ».

– Qui est ce comédien ?

– … le fils d'un Danois et d'une Française. … les cheveux blonds. … né à Montreuil. … une cinquantaine d'années. Un jour, en regardant la télévision, il découvre son futur professeur de théâtre. En 1989, … la responsabilité d'un théâtre. Mais … un gestionnaire. Il a perdu beaucoup d'argent mais ne regrette rien.

– Comment s'appelle-t-il ?

– Niels Arestrup. … quelqu'un que j'aime beaucoup.

LA PHRASE NÉGATIVE

Les constructions négatives comportent deux parties.
La première partie est toujours « ne », la seconde peut être « pas / plus / jamais ».

1 La négation « ne ... pas »

■ « Ne » + verbe + « pas »

Dans une bibliothèque, on **ne** parle **pas** avec ses voisins.

Aujourd'hui je **n'**ai **pas** faim. Je **ne** déjeunerai **pas**.

« Ne » + voyelle ou « h muet » devient **« n' »**.

Je **n'**aime **pas** le vin blanc.

Pierre **n'**habite **pas** chez ses parents.

> **REMARQUE**
> Souvent, à l'oral dans la langue familière, « ne » n'est pas prononcé.
> *J'ai pas faim !*

■ Quelques difficultés de la forme négative

▶ **Aux temps composés, « pas » est placé entre l'auxiliaire et le participe passé.**

« Ne » + auxiliaire + **« pas »** + participe passé.

Je **n'**ai **pas** lu ce livre.

Il **n'**est **pas** monté en haut de la Tour Eiffel.

> **REMARQUE**
> « pas du tout » renforce la négation :
> *Je n'aime pas du tout ce film.*

▶ **Les articles indéfinis et partitifs sont modifiés**[••]**.**

Avez-vous une voiture ? Non, je **n'**ai **pas de** voiture.

Voulez-vous du café ? Non, je **ne** prends **pas de** café.

Est-ce qu'il y avait des cerises au marché ? Non, il **n'**y avait **pas de** cerises.

•• Voir le chapitre 14 sur les articles, p. 72.

▶ **Les pronoms personnels compléments sont toujours placés après « ne ».**

Ma voisine, je **ne la** rencontre **pas** souvent.

METTRE EN PRATIQUE

1 Mettez les phrases à la forme négative.

1. Elle lit le journal.
   – Elle a lu le journal.

2. Je comprends votre question.
   – J'ai compris votre question.

3. Tu fais tes exercices.
   – Tu as fait tes exercices.

4. Ils restent chez eux.
   – Ils sont restés chez eux.

2 Mettez les phrases à la forme négative (attention à la modification de l'article).

1. Ils ont un caméscope.

2. Elle connaît des chanteurs français.

3. Il prendra du vin.

4. J'ai acheté de l'eau minérale.

5. Elle fait de la danse.

Les autres négations

Elles suivent les mêmes règles que « **ne ... pas** » pour :
– la place aux temps composés,
– la modification des articles,
– la place des pronoms personnels.

◼ Ne ... pas encore

▶ **Indique qu'une action va bientôt avoir lieu.**

Le petit Pierre a un an. Il **ne** parle **pas encore**.
(mais il parlera bientôt)

On peut partir ? Non, je **ne** suis **pas encore** prêt.
(mais je serai prêt dans quelques minutes)

En mars, les arbres **n'**ont **pas encore** de feuilles.

▶ **Quand on pose une question avec « déjà »**••**, la réponse négative est « ne ... pas encore ».**

Marielle est <u>déjà</u> partie ? Non, elle **n'**est **pas encore** partie.
(mais elle va bientôt partir)

☞ ATTENTION ! ne dites pas :
Les arbres n'ont pas encore ~~des~~ feuilles.

•• Pour l'emploi de « déjà », voir le chapitre 24, p. 126.

◼ Ne ... plus

▶ **Indique l'arrêt d'une action.**

Je **ne** fume **plus**.
(avant je fumais, maintenant j'ai arrêté de fumer)

▶ **Quand on pose une question avec « encore », la réponse négative est « ne ... plus ».**

Tu habites <u>encore</u> rue Blanche ? Non, je **n'**y habite **plus**, j'ai déménagé il y a trois mois.
Est-ce qu'il y a <u>encore</u> des billets pour le festival de danse ? Non, il **n'**y en a **plus**.

> **REMARQUE**
> On peut dire aussi :
> *« Tu habites **toujours** rue Blanche ? »*   (toujours = encore)
> *« Non, je n'y habite plus. »*

◼ Ne ... jamais (= pas une seule fois)

Je **ne** suis **jamais** monté dans un hélicoptère.
Il **ne** boit **jamais** de café.

▶ **Quand on pose une question avec « souvent, quelquefois, toujours, déjà », la réponse totalement négative est « ne ... jamais ».**

Tu vas <u>souvent / quelquefois</u> au théâtre ? Non, je **n'**y vais **jamais**.
Tu vas <u>toujours</u> en voiture au bureau ? Non, je **n'**y vais **jamais** en voiture, j'y vais en métro.
Vous êtes <u>déjà</u> allé au Carnaval de Rio ? Non, je **n'**y suis **jamais** allé.

RÉSUMONS

La place de la négation

Temps simples	Temps composés
ne + verbe + pas / pas encore / plus / jamais	ne + auxiliaire + pas / pas encore / plus / jamais + participe passé

■ Ne ... pas ... ni / ne ... ni ... ni (double négation)

▶ **Quand la négation porte sur deux éléments,
on emploie « ne ... pas ... ni » ou « ne ... ni ... ni ».**

Je **ne** connais **pas** Rome, **ni** Venise.

Je **ne** connais **ni** Rome, **ni** Venise.

(= je ne connais pas Rome et je ne connais pas Venise.)

Je **n'**aime **pas** le cognac **ni** le porto.

Je **n'**aime **ni** le cognac, **ni** le porto.

☞ ATTENTION ! ne dites pas :
Je n'aime pas le cognac ~~et~~ le porto.

■ Ne ... personne (négation de « quelqu'un »)°°
■ Ne ... rien (négation de « quelque chose »)
■ Ne ... aucun(e) (= pas un(e) seul(e))

°° Voir le chapitre 17 sur les indéfinis,
pp. 84, 85, 88.

Il **n'**y a **personne** dans cette salle de classe.

Il fait très sombre. Je **ne** vois **rien**.

Il **n'**y a **aucun** restaurant dans cette rue.

■ Ne ... que

▶ **Ce n'est pas une négation. « Ne ... que » a le sens de « seulement ».**

Je ne peux pas acheter ces chaussures ; je **n'**ai **que** 15 € sur moi.

Ce musée **n'**est ouvert **que** l'après-midi.

▶ **L'expression « n'avoir qu'à » s'emploie pour donner un conseil.**

Tu as sommeil ? Tu **n'as qu'**à aller te coucher !

Vous avez mal à l'estomac ? Vous **n'avez qu'**à aller voir un médecin.

METTRE EN PRATIQUE

3 Écrivez à la forme négative.

1. Employez « ne ... pas encore ».

– Alban est déjà là.
– J'ai déjà payé mon loyer.
– Nous avons déjà visité le Louvre.

2. Employez « ne ... plus ».

– Il pleut encore.
– Aurélien a encore du vin dans son verre.
– Il y a encore de la mousse au chocolat.

3. Employez « ne ... jamais ».

– Elle fait souvent des fautes d'orthographe.
– Dans ma rue, après 22 h, il y a du bruit.
– M. Martin va toujours en vacances dans les Alpes.

4 Répondez avec « ne ... rien / personne ».

Ex. Est-ce que vous connaissez quelqu'un ici ?
→ *Non, je ne connais personne.*

1. Est-ce que tu manges quelque chose le matin ?

2. Est-ce qu'il y a quelqu'un au guichet 4 ?

3. Dans ce paquet de lettres, est-ce qu'il y a quelque chose pour moi ?

5 Écrivez les formes qui conviennent : « ne ... pas » ou « ne ... que ».

1. Pour les jeunes de moins de 26 ans, le voyage ... coûte ... 45 €. Ce ... est ... cher !

2. Dans cette cafétéria, on ... vend ... d'alcool ! Il ... y a ... des boissons non alcoolisées.

3. Tu peux dormir encore ! Il ... est ... 6 h du matin.

6 Remplacez « seulement » par « ne ... que ».

Ex. Il est seulement trois heures.
→ *Il n'est que trois heures.*

1. Florence a seulement dix ans.

2. Elle a seulement une sœur.

3. Il y a seulement une fenêtre dans sa chambre.

Autres phrases négatives

La négation dans une phrase sans verbe

▶ **Après une phrase négative, on emploie « ... non plus ».**

Il ne boit jamais d'alcool, **moi non plus**.

(comme lui, je ne bois jamais d'alcool)

Monsieur Durand n'aime pas voyager, sa femme **non plus**.

▶ **Après une phrase affirmative, on emploie « pas ... ».**

Nos voisins ont un gros chien, **pas nous**.

(= nous n'avons pas de gros chien)

Les géraniums supportent bien la chaleur, **pas les roses**.

La négation de l'infinitif

▶ **« ne pas » / « ne plus » / « ne jamais » + infinitif**

Je regrette de **ne pas** <u>venir</u> à la fête ce soir.
C'est difficile de **ne plus** <u>fumer</u>.

On emploie souvent l'infinitif négatif pour exprimer une interdiction.

Ne pas <u>stationner</u> sur le trottoir.
Ne jamais <u>gêner</u> la fermeture automatique des portes.

PARLONS !

Ce que les parents disent aux enfants
Ne fais pas ça !
  Ne te couche pas trop tard !

Ne parle pas la bouche pleine !

Ne touche pas à ça !
  Ne regarde pas tout le temps la télévision !

Vous n'avez qu'à ...
Vous avez faim ? Vous n'avez qu'à manger quelque chose !
  Vous êtes pressés ? Vous n'avez qu'à prendre un taxi !

Vous avez froid ? Vous n'avez qu'à fermer la fenêtre !

METTRE EN PRATIQUE

7 Complétez en employant « pas moi » ou « moi non plus ».

1. Vous aimez les escargots ? ...

3. Ils vont à la fête de l'école. ...

2. Il n'a jamais pris le Concorde. ...

4. Tu n'as jamais fait de ski nautique. ...

8 Mettez les phases à la forme négative.

1. La banque est déjà fermée.

2. Il arrive souvent en retard.

3. Marie est encore malade.

4. Je suis allé quelquefois dans ce restaurant.

5. J'ai déjà fini mon travail.

6. Pierre circule toujours à moto.

9 Répondez négativement aux questions.

Ex. Dans la vie, qu'est-ce que vous n'aimez pas ? → *Je n'aime pas la musique classique, me lever tôt, etc.*

Et vous ?   – Qu'est-ce que vous n'aimez pas ?

– Qu'est-ce que vous n'avez jamais fait ?

– Qu'est-ce que vous n'achetez jamais ?

10 Donnez des conseils en employant « n'avoir qu'à ».

Ex. À quelqu'un qui veut maigrir. → *Vous n'avez qu'à manger des légumes et des fruits.*

– À quelqu'un qui veut apprendre une langue étrangère.

– À quelqu'un qui veut rencontrer des gens de son âge.

– À quelqu'un qui ne sait pas où partir en vacances.

11 Formulez des interdictions avec un impératif négatif / un infinitif négatif.

Ex. On ne doit pas fumer dans un lieu public.
→ *Ne fumez pas dans un lieu public.* → *Ne pas fumer dans un lieu public.*

1. On ne doit pas rouler à 200 km à l'heure.

2. En voiture, on ne doit jamais oublier d'attacher sa ceinture.

3. On ne doit pas doubler les voitures sur la droite.

4. On ne doit jamais faire d'autostop sur l'autoroute.

DELF   **unité A1**

12 Lisez le mot de votre voisin et répondez négativement aux questions qu'il pose. Faites des phrases complètes.

Cher monsieur,

Ce petit mot pour vous avertir que des voleurs sont entrés en mon absence dans mon appartement, hier soir. Auriez-vous la gentillesse de répondre précisément aux questions qui suivent ?

Merci d'avance   *Monsieur Duval*

Ex. Avez-vous entendu quelque chose ?

Non, je n'ai rien entendu.

Avez-vous vu quelqu'un ?

Regardiez-vous encore la télévision vers 22 heures ?

Prenez-vous un médicament pour dormir ?

Dormez-vous généralement avant 22 heures ?

Quelqu'un a-t-il sonné à la porte ?

3 LA PHRASE INTERROGATIVE

On peut poser une question
- directement : le locuteur pose lui-même la question ;
- indirectement : la question est rapportée par une autre personne.

1 La question simple

La question porte sur toute la phrase. La réponse est « oui »
ou « non ». On peut poser la question avec :

▶ **« Est-ce que » + sujet + verbe + ?** (langue courante)

Est-ce que vous parlez français ? Oui, un petit peu.
Est-ce que Pierre fait du tennis ? Non, il n'aime pas ça.

▶ **L'intonation** (la voix monte)

Vous parlez français ?
Pierre fait du tennis ?

▶ **L'inversion** (langue soutenue)

Le pronom sujet est placé après le verbe ou l'auxiliaire aux temps
composés.

Aimez-**vous** ce chanteur ? Avez-**vous** vu ce chanteur ?
Les mariés dansent-**ils** ? Les mariés ont-**ils** dansé ?

▶ **Quand la question est négative, on ne répond pas « oui »,
mais « si ».**

Tu ne viens pas avec nous ?
– **Si**, bien sûr, je viens avec vous !

> Ne dites pas :
> *Est-ce que + il(s) / elle(s)*
> Mais dites :
> *Est-ce qu'il(s) / Est-ce qu'elle(s)*

> Ne dites pas :
> *Sont les enfants à l'école ?*
> Mais dites :
> *Est-ce que les enfants sont à l'école ?*

> **REMARQUE**
> À la 3ᵉ personne du singulier, remarquez le « t » après un verbe terminé par « e » :
> *Pierre aime-t-il la musique ?*
> ou « a » :
> *A-t-il des amis musiciens ?*
> *Va-t-il souvent au concert ?*

METTRE EN PRATIQUE

1 **a. Posez la question avec « est-ce que ? ».**

Ex. Il fait froid ?
→   *Est-ce qu'il fait froid ?*

1. Tu sors avec nous ce soir ?
2. Je peux ouvrir la fenêtre ?
3. Il y a une piscine à l'hôtel ?

b. Posez la question en faisant l'inversion.

Ex. Tu as acheté du pain.
→   *As-tu acheté du pain ?*

1. Vous auriez l'heure, s'il vous plaît ?
2. Vous avez passé un bon week-end ?
3. Peter et Mary viendront en France cet été ?

2 **Répondez par « oui » ou « si ».**

Ex. Tu n'aimes pas les chansons de Jacques Brel ?
→   *Si, je les aime beaucoup.*

1. Vous ne voyagez pas souvent ?
2. Vous parlez bien français ?
3. Il ne pleut jamais dans le sud de la France ?
4. Tu n'aimes pas lire ?

2 Question avec « qui, que, quoi »

La question porte sur une partie de la phrase.

Pour identifier des **personnes**	Pour identifier des **choses**
Qui est-ce ? C'est mon frère.	Qu'est-ce que c'est ? C'est un gâteau au chocolat.
Pour savoir quelle **personne** est le sujet	Pour savoir quelle **chose** est le sujet
Qui est-ce qui ? Qui ... ? **Qui est-ce qui** a construit la tour Eiffel ? **Qui** a construit la tour Eiffel ? C'est Gustave Eiffel.	Qu'est-ce qui ? **Qu'est-ce qui** fait ce bruit ? Ce sont des travaux dans la rue.
Pour savoir quelle **personne** est l'objet du verbe	Pour savoir quelle **chose** est l'objet du verbe
Qui est-ce que ? Qui ... ? **Qui est-ce que** tu invites à la fête ce soir ? Tu invites **qui** à la fête ce soir ? (intonation) J'invite tous mes copains.	Qu'est-ce que ? Quoi ? **Qu'est-ce que** vous prenez comme dessert ? Vous prenez **quoi** comme dessert ? (langue orale) Je prends une crème caramel.
Après une préposition	Après une préposition
à / avec / pour / chez qui / ... **Avec qui** est-ce que vous jouez au tennis ? Vous jouez au tennis **avec qui** ? (langue orale) – J'y joue avec Pierre.	à / avec / de quoi / ... **De quoi** est-ce que vous parlez ? Vous parlez **de quoi** ? (langue orale) – Nous parlons des vacances de Noël.

METTRE EN PRATIQUE

3 Posez la question avec : « Qui est-ce ? » ou « Qu'est-ce que c'est ? ».

Ex. C'est un livre de français.
→   *Qu'est-ce que c'est ?*

1. Ce sont des camarades de classe.
2. C'est un cadeau pour ma sœur.
3. Ce sont les clés de ma voiture.
4. C'est Madame Garnier.

4 Complétez les phrases par « Qui est-ce qui ? Qu'est-ce qui ? Qu'est-ce que ? ».

1. ... tu fais ? J'écris à ma grand-mère.
2. Quel bruit ! ... se passe ?
3. ... a gagné le match de boxe hier soir ?
4. ... vous pensez de ce film ?
5. ... est l'acteur principal dans ce film ?

Questions avec « quand, où, combien, pourquoi, comment, quel, lequel »

	« Est-ce que ? » ou inversion	Intonation ____／
Quand	Quand est-ce que vous partez pour le Mexique ? Quand partez-vous ?	Vous partez quand ?
Où	Où est-ce que vous habitez ? Où habitez-vous ?	Vous habitez où ?
Combien	Combien de croissants est-ce que vous voulez ? Combien de croissants voulez-vous ?	Vous voulez combien de croissants ? – J'en voudrais deux.
Pourquoi	Pourquoi est-ce qu'elle n'est pas là ? Pourquoi n'est-elle pas là ?	Pourquoi elle n'est pas là? – Parce que son fils est malade.
Comment	Comment est-ce que tu t'appelles ? Comment t'appelles-tu ?	Tu t'appelles comment ? – Je m'appelle Olivier Dumont.

■ **Quel** + **nom** (pour obtenir une réponse sur un nom)

	« Est-ce que ? » ou inversion	Intonation ____／
Quel(s) Quelle(s)	Quel fromage est-ce que vous voulez ? Quel fromage voulez-vous ?	Vous voulez quel fromage ?
Préposition + quel	À quelle heure est-ce que le train arrive ? – Il arrive à 17h30. De quel pays venez-vous ? – Je viens du Japon.	Le train arrive à quelle heure ? Vous venez de quel pays ?

■ **Lequel** (= remplace **« quel »** + nom)

	« Est-ce que ? » ou inversion	Intonation ____／
Lequel Laquelle Lesquels Lesquelles	Il y a deux bus. Lequel est-ce que tu prends ? Lequel prends-tu ? (= quel bus) – Je prends le 27.	Tu prends lequel ? (= quel bus)

▶ **L'inversion du sujet est réservée au langage soutenu sauf dans des expressions très courantes comme :**

– Comment allez-vous ? – Quand pars-tu ?
– Quelle heure est-il ? – Quel temps fait-il ?
– Où vas-tu ? – Où est-il ?
– Quel âge as-tu ?

PARLONS !

Qu'est-ce que … comme … ?

– *Qu'est-ce que tu fais comme sport ?*

  – *Qu'est-ce que tu veux comme cadeau pour Noël ?*

  – *Qu'est-ce que tu as comme voiture ?*

Qu'est-ce qui … ?

Tu as l'air triste ! Qu'est-ce qui ne va pas ?

Qu'est-ce que tu as ?

  Qu'est-ce qui se passe ?

Au restaurant

Le client : – Quel est le plat du jour ?

Le serveur : – Un gratin dauphinois.

Le client : – Qu'est-ce que c'est ?

Le serveur : – C'est un gratin de pommes de terre.

  Qu'est-ce que vous prenez comme boisson ?

Le client : – Un vin du pays !

Qui êtes-vous ?

– *Bonjour ! Vous vous appelez comment ?*

  – *Quel âge avez-vous ?*

    – *Où est-ce que vous habitez ?*

      – *Qu'est-ce que vous faites dans la vie ?*

Au téléphone

– *Allô, je suis bien chez Madame Garnier ?*

  – *Oui, qui est à l'appareil ?*

    – *C'est Nicole, est-ce que Sylvie est là ?*

METTRE EN PRATIQUE

5 Posez la question avec : « pourquoi, quand, où, comment, combien ».

1. Il s'appelle Léo.

2. Demain soir.

3. Ils ont deux enfants.

4. Parce qu'il pleut.

5. Je vais très bien, merci !

6. Dans la cuisine.

6 Complétez par « quel » ou « lequel », en faisant les accords nécessaires.

1. Dans … rue est-ce que tu habites ?

2. Pardon, Madame, la rue Bayard, c'est … ? Celle-ci ou celle-là ?

3. Le manteau de Sonia, c'est … ? le bleu ou le rouge ?

4. … sont les dates des vacances de Noël ?

5. Voici la carte des vins. Vous voulez … ?

7 Posez la question avec : « quel(s), quelle(s) ».

Ex. C'est le 02 32 45 89 41

→ *Quel est ton numéro de téléphone ?*

1. Je voudrais cette cravate bleue.

2. Il est cinq heures.

3. Il fait beau et chaud.

4. J'ai vingt-cinq ans.

8 Complétez par « comment, où, combien, quand, quelle ».

1. … est-ce que vous viendrez nous voir ?

2. Pour … entreprise est-ce qu'il travaille ?

3. … trouvez-vous ce film ?

4. … sont mes lunettes ? Je les ai perdues.

5. … d'étages a cet immeuble ?

6. … fait-on une quiche lorraine ?

7. … coûte ce vélo ?

21

4 L'interrogation indirecte

▶ **Dans l'interrogation indirecte, quelqu'un rapporte la question posée par une autre personne.**
On emploie des verbes comme « demander », « savoir ».

Madame Leroy demande : « Est-ce que le taxi est arrivé ? »   (interrogation directe)

Madame Leroy **demande si** le taxi est arrivé.   (interrogation indirecte)

▶ **Dans l'interrogation indirecte, les mots interrogatifs suivants changent :**

Interrogation directe	Interrogation indirecte
Est-ce que ? intonation **Est-ce que** l'avion a atterri ? L'avion a atterri ?	**si** Il demande **si** l'avion a atterri.
Qui ? / qui est-ce qui ? – **Qui** a téléphoné ? – **Qui est-ce qui** a téléphoné ?	**qui** Il demande **qui** a téléphoné.
Qu'est-ce que ? **Qu'est-ce que** Marc va faire lundi ?	**ce que** Il demande **ce que** Marc va faire lundi.
Qu'est-ce qui ? **Qu'est-ce qui** s'est passé ?	**ce qui** Il demande **ce qui** s'est passé.

> Ne dites pas :
> *Il demande s'elle vient.*
> Mais dites :
> *Il demande si elle vient.*

▶ **Les mots interrogatifs suivants ne changent pas :**
« comment » – « quand » – « où » – « quel » – « lequel » –
« combien » – « pourquoi » – préposition + « qui » ou « quoi ».

Pierre me demande : « **Quand est-ce que** le secrétariat est ouvert ? »

→ Pierre me demande **quand** le secrétariat est ouvert.

Elle veut savoir : « **Quelle** heure est-il ? »

→ Elle veut savoir **quelle** heure il est.

> 1) Ne dites pas :
> *Elle veut savoir quel temps fait-il à Nice ?*
> Mais dites :
> *Elle veut savoir quel temps il fait à Nice.*
> 2) Ne dites pas :
> *Elle me demande qu'est-ce que je fais demain.*
> Mais dites :
> *Elle me demande ce que je fais demain.*

▶ **Les pronoms personnels et les mots possessifs changent.**

La vendeuse demande à la dame : « Qu'est-ce que **vous** cherchez ? »

→ La vendeuse demande à la dame ce qu'**elle** cherche.

Le policier demande aux passagers : « **Vous** avez **vos** papiers sur **vous** ? »

→ Le policier demande aux passagers s'**ils** ont **leurs** papiers sur **eux.**

▶ **Quand le verbe principal est au passé, on doit appliquer les règles de la concordance des temps**°°**.**

°° Voir le chapitre 6, p. 41.

Elle me demande
(présent)
- si j'ai vu ce film. *(passé composé)*
- si j'aime ce film. *(présent)*
- si j'irai voir ce film. *(futur)*

Elle m'a demandé
(passé composé)
- si j'**avais** vu ce film. *(plus-que-parfait)*
- si j'**aimais** ce film. *(imparfait)*
- si j'**irais** voir ce film. *(conditionnel présent)*

PARLONS !

Je voudrais vous demander si je rencontrerai bientôt l'homme de ma vie et s'il sera très riche.

Pouvez-vous me dire quel est son prénom ?

Mais surtout, j'aimerais savoir si mon petit chien Lulu vivra longtemps.

METTRE EN PRATIQUE

9 Mettez à la forme indirecte.

Ex. Je lui demande : « Pourquoi es-tu en retard ? »
→ *Je lui demande pourquoi il est en retard.*

1. Le touriste demande : « Est-ce qu'il y a une poste près d'ici ? »

2. Le directeur me demande : « Vous avez déjà travaillé à l'étranger ? »

3. La mère demande à l'enfant : « Qu'est-ce que tu as fait à l'école ce matin ? »

4. J'aimerais savoir : « Où vas-tu ? »

5. Je voudrais savoir : « Qui est-ce qui a apporté ces jolies fleurs ? »

10 Un enquêteur pose à une dame des questions sur l'utilisation d'Internet. Posez indirectement les questions de l'enquêteur.

Ex. Depuis combien de temps avez-vous un site Internet ?
→ *L'enquêteur demande à la dame depuis combien de temps elle a un site Internet.*

1. Est-ce que vous utilisez souvent Internet ?

2. Qui est-ce qui utilise Internet dans votre famille ?

3. Combien de temps passez-vous devant votre ordinateur chaque jour ?

4. Qu'est-ce que vous pensez de ce nouveau mode de communication ?

11 Complétez par « qui » ou « quoi ».

1. À … parle monsieur Dubout ? – au directeur de la banque.

2. À … pensez-vous ? – à mes prochaines vacances.

3. En … est ce joli bracelet ? – en or.

4. Chez … vas-tu ? – chez ma cousine Lucie.

5. De … parlent les professeurs du lycée ? – de leurs élèves.

6. Avec … as-tu fait ce bon gâteau ? – avec de la farine, du beurre et du chocolat.

7. Avec … parlez-vous français ? – avec les étudiants de ma classe.

12 Une nouvelle étudiante arrive dans la classe. Ses camarades lui posent des questions sur son nom, sa nationalité, son âge, sa famille, ses goûts (sport, musique, …). Écrivez ces questions.

13 Reliez les questions avec les réponses.

1. Qu'est-ce que c'est ?
2. Tu as acheté ce livre où ?
3. Quel temps fait-il ?
4. Quand rentre le directeur ?
5. Il est anglais ?
6. Qui a fait ce gâteau ?

a. Froid. Il pleut beaucoup.
b. C'est moi !
c. À 18 heures.
d. C'est une cafetière électrique.
e. Dans une gare.
f. Non, il est américain.

14 Trouvez la question.

1. C'est notre professeur de gymnastique.
2. Oui, il est très gentil.
3. Dans un club de sport du quartier.
4. Le cours a lieu deux fois par semaine.
5. Non, il n'y a pas de cours le samedi.
6. Je vais au cours à 18h.

DELF unité A3

Nicole Lefort voudrait passer une semaine à l'hôtel du Mont-Blanc. Elle veut savoir :
1. le prix des chambres pour deux personnes
2. le confort : soleil, terrasse, télévision…
3. ce que ce prix comprend (petit déjeuner, demi-pension, pension complète)
4. la vue (sur les montagnes ou sur le village)
5. la distance des pistes de ski
6. les lieux pour la location des skis
Elle demande aussi une documentation sur l'hôtel.

Rédigez sa lettre

Monsieur

Je voudrais réserver une chambre dans votre hôtel pour la semaine du 1er au 8 janvier. J'aimerais vous poser quelques questions :

1…

2…

…

Pouvez-vous aussi …

Dans l'attente de votre réponse, je vous adresse mes meilleures salutations.

Nicole Lefort

4   LES VERBES PRONOMINAUX

Les verbes pronominaux sont des verbes qui sont conjugués avec un pronom
de la même personne que le sujet. Leur emploi est fréquent.

■ Le verbe pronominal indique que le sujet fait l'action sur lui-même.

Présent
je **me** regarde
tu **te** regardes
il / elle **se** regarde
nous **nous** regardons
vous **vous** regardez
ils / elles **se** regardent

COMPAREZ

Regarder quelqu'un	Se regarder
Julie est en face de moi, elle **me** regarde.	Je **me** regarde dans une glace.
Julie est en face de son mari, elle **le** regarde.	Julie **se** regarde dans une glace.
Julie est en face de vous, elle **vous** regarde.	Vous **vous** regardez dans une glace.

▶ **Aux temps composés, on emploie l'auxiliaire « être ».**

Passé composé
je **me suis** regardé(e)
tu **t'es** regardé(e)
il / elle **s'est** regardé(e)
nous **nous sommes** regardé(e)s
vous **vous êtes** regardé(e)s
ils / elles **se sont** regardé(e)s

REMARQUE
Le participe passé s'accorde
avec le sujet.

*Catherine s'est réveillée ce
matin de très bonne heure.*

Je **me suis** regardé(e) dans la glace.

Ils **s'étaient** connus à l'université. (=plus-que-parfait)

▶ **Attention à la place du pronom à l'impératif :**

Affirmatif	Négatif
Lève-**toi** !	Ne **te** lève pas !

▶ **Quand un verbe pronominal est à l'infinitif, son pronom est
de la même personne que le sujet du premier verbe.**

Je me promène.

Vous vous levez tôt.

Tu te laves les mains.

J'aime **me** promener.

Vous devez **vous** lever tôt.

Tu vas **te** laver les mains.

Ne dites pas :
Vous pouvez se lever.
Mais dites :
Vous pouvez vous lever.

► **Ne confondez pas le verbe pronominal avec la forme « être » + participe passé.**

À 8 h, Claire s'habille.   À 8 h 15, Claire est habillée.
(action = elle est en train de s'habiller)   (résultat de l'action)

Jean s'assoit.   Il est assis.

Le soleil se couche.   Le soleil est couché.

Pierre et Claire se marient.   Pierre et Claire sont mariés.

Quelques verbes changent de sens quand ils sont pronominaux.

► **Par exemple :**

Mettre :   Elle **a mis** des lunettes de soleil.

Se mettre :   Elle **s'est mise** à travailler sur son ordinateur à 10 h.
                    (= a commencé à travailler)

Passer :   **As-tu passé** de bonnes vacances ? Oui, excellentes merci !

Se passer :   L'histoire de *L'Étranger* de Camus **se passe** en Algérie.
                    (= a lieu)

Trouver :   **J'ai trouvé** un joli cadeau pour Inès.

Se trouver :   **Où se trouve** l'office du Tourisme ? À côté de la gare.
                    (= est)

Apercevoir :   **J'aperçois** un oiseau sur le toit de la maison d'en face.

S'apercevoir :   Oh zut ! **Je m'aperçois** que j'ai oublié de mettre cette lettre à la poste.
                    (= je constate)

Va-t'en ! Laisse-moi tranquille !

Tu vas à la fête ? Amuse-toi bien !

Ne t'inquiète pas ! Tout ira bien.

Vite ! Dépêche-toi !

Vous parlez tous en même temps !
Taisez-vous un peu !

METTRE EN PRATIQUE

1 Mettez le verbe au présent puis au passé composé.

Ex. (se regarder) Elles …
→ *Présent : Elles se regardent.*
→ *Passé composé : Elles se sont regardées.*

1. (se promener) Je … .   Je … .
2. (s'arrêter) Tu … .   Tu … .
3. (s'habiller) Elle … .   Elle … .
4. (se souvenir) Nous … .   Nous … .
5. (se tromper) Vous … .   Vous … .
6. (se marier) Ils … .   Ils … .

2 Complétez les phrases par un infinitif.

Ex. : (se revoir) :
→ *Après un an de séparation, ils vont enfin se revoir !*

1. (se coucher) Tu vas passer un examen demain. Tu vas … tôt.
2. (se parler) Dans la classe, nous devons … en français.
3. (s'habituer) J'espère que je vais … à mon nouveau travail.
4. (s'inscrire) Vous voulez entrer dans cette école ? Il faut … avant le 15 mai.

3 Complétez les phrases par la forme du verbe qui convient : présent ou présent pronominal.

Ex. (laver / se laver)
On se lave les mains avant de manger.
On lave les légumes avant de les faire cuire.

1. (rencontrer / se rencontrer)   Je ... quelquefois Lucie dans la rue.
                                     Nous ... souvent au café Voltaire.

2. (promener / se promener)   La famille Bardot ... dans la forêt.
                                M. Bardot ... son chien trois fois par jour.

3. (aimer / s'aimer)   M. Legrand ... beaucoup la Bretagne.
                         Ces deux enfants passent leur temps ensemble. Ils ... beaucoup.

4. (connaître / se connaître)   Vous ... ce monsieur ?
                                  Jean et moi, nous ... depuis plus de vingt ans.

5. (appeler / s'appeler)   Je ... Christine Dumas.
                             Je ... mes parents au téléphone tous les dimanches.

4 Reliez les phrases.

1. La fenêtre est ouverte.   a. Reposez-vous !

2. Vous êtes très fatigué.   b. Taisez-vous !

3. Vous avez une forte grippe, mais ce n'est pas grave.   c. Attention ! Ne vous penchez pas !

4. Tu n'es pas prêt ? Il faut partir bientôt !   d. Ne te fâche pas !

5. Papa, j'ai pris la voiture sans te le dire.   e. Ne vous inquiétez pas !

6. Madame, on ne parle pas au cinéma.   f. Prépare-toi !

DELF   unité A2

5 Dans ce texte choisissez la conjugaison simple ou la conjugaison pronominale des verbes entre crochets.

La journée d'un écrivain.

Je suis de mauvaise humeur si je [(se) lever] avant 10 h. Je [(se) réveiller] mon frère. Il [(se) préparer] le petit déjeuner et nous le prenons ensemble. Nous [(s') habiller]. Puis, je [(se) mettre] à mon ordinateur. Mon frère, lui, [(se) préparer] à partir travailler.

Après le déjeuner, je [(se) reposer] un quart d'heure et je vais [(se) promener] mon chien puis je [(s') occuper] de mon courrier. Je [(se) remettre] à écrire. Je [(se) passer] quelquefois la soirée avec mes parents qui [(se) coucher] au dernier étage de la maison. Je [(se) coucher] très tard, parfois à 4 h du matin.

LES TEMPS DE L'INDICATIF

L'indicatif est un mode qui exprime la réalité.

Il a plusieurs temps : le présent, le futur, l'imparfait, le passé composé et le plus-que-parfait.

1 Le présent

■ **Formation**

	Singulier		Pluriel	
	2 systèmes de terminaisons		1 système de terminaisons	
je	e	s	nous	ons
tu	es	s	vous	ez
il / elle	e	t / d	ils / elles	ent

Les verbes sont classés en trois groupes.

	1er groupe **parler**	2e groupe **finir**	3e groupe			
			partir	**ouvrir**	**attendre**	**boire**
je	parl-e	fini-s	par-s	ouvr-e	attend-s	boi-s
tu	parl-es	fini-s	par-s	ouvr-es	attend-s	boi-s
il / elle	parl-e	fini-t	par-t	ouvr-e	atten-d	boi-t
nous	parl-ons	fin**iss**-ons	part-ons	ouvr-ons	attend-ons	**buv**-ons
vous	parl-ez	fin**iss**-ez	part-ez	ouvr-ez	attend-ez	**buv**-ez
ils / elles	parl-ent	fin**iss**-ent	part-ent	ouvr-ent	attend-ent	**boiv**-ent

▶ **Quelques verbes du 1er groupe**[**] **présentent des modifications orthographiques et phonétiques :**

Appeler :   j'appel**l**e, nous appel**ons**

Manger :   je mang**e**, nous mang**e**ons

[**] Voir les tableaux de conjugaison, p. 156.

▶ **Le verbe « aller » est très irrégulier :**

Aller :   je vais, tu vas, il va, nous allons, vous allez, ils vont

▶ **Les verbes du 3e groupe**[**] **sont irréguliers.**

[**] Voir les tableaux de conjugaison, p. 160-173.

Ils ont un radical :   ouvrir (→ **ouvr**-)

        deux radicaux :   partir (**par**- / **part**-)

        trois radicaux :   boire (**boi**- / **buv**- / **boiv**-)

Ils ont des terminaisons variées :   s, s, t / d

                e, es, e

Notez les terminaisons de « pouvoir » et de « vouloir » :

Pouvoir :   je p**eux**, tu p**eux**, il p**eut**

Vouloir :   je v**eux**, tu v**eux**, il v**eut**

Emploi

On emploie le présent pour :

▶ **une action qui a lieu au moment où on parle**

Que **font** les enfants ? Ils **regardent** un dessin animé à la télévision.

Le train **s'arrête**. Qu'est-ce qui **se passe** ?

▶ **une description, une situation**

Les Dubois **habitent** Nantes. Le mari **est** cadre dans une entreprise, la femme **est** médecin ; ils **ont** trois enfants.

▶ **une habitude**

À Noël, on **donne** des cadeaux à sa famille et on **boit** du champagne.

En ce moment, je **vais** très souvent au restaurant.

▶ **une vérité générale**

Dans le sud de la France, il **fait** doux en hiver et chaud en été.

L'argent ne **fait** pas le bonheur.

▶ **un futur très proche**

Dépêchez-vous ! La banque **ferme** dans 15 minutes.

Je me **marie** le mois prochain.

> **REMARQUE**
> On emploie le présent avec depuis pour une action qui a commencé dans le passé et qui dure encore.
> *Il travaille depuis dix ans dans une entreprise d'informatique.*

L'expression « être en train de »

L'expression **« être en train de »** + infinitif insiste sur la continuité de l'action.

Ne dérangez pas Nathalie ! Elle **est en train de** réviser son examen.

– Où sont les enfants ? – Ils **sont en train de** jouer au football.

METTRE EN PRATIQUE

1 Écrivez les terminaisons du présent.

1. Je travaill*e*.   nous travaill*ons*
Tu offr*es*   vous offr*ez*
Il entr*e*.   ils entr*ent*

2. Je condui*s*.   nous conduis*ons*
Tu sai*s*.   vous sav*ez*
Il réfléchi*t*.   ils réfléchiss*ent*

3. Je rang*e*.   nous rang*eons*
Tu vien*s*.   vous ven*ez*
Il apprend.   ils apprenn*ent*

4. Je lanc*e*.   nous lanç*ons*
Tu doi*s*.   vous dev*ez*
Il ven*d*.   ils vend*ent*

2 Mettez les verbes au présent et indiquez la valeur de ce présent.

Ex. La neige est froide et blanche.
→   *vérité générale*

1. La plupart des chambres de cet hôtel (donner) sur la mer.

2. M. Lagarde (prendre) l'avion ce soir pour Lisbonne.

3. Tous les samedis soirs, Nathalie et Victor (sortir) ou (recevoir) des amis chez eux.

4. En ce moment, je (lire) un roman de science-fiction.

5. En automne, les feuilles des arbres (jaunir) et (tomber).

Le futur

■ Formation

▶ Le futur simple

On forme le futur simple sur l'infinitif. Il y a donc toujours un « **r** » à la fin du radical.
Pour tous les verbes, les terminaisons sont : **ai**, **as**, **a**, **ons**, **ez**, **ont**.

	1er groupe	2e groupe	3e groupe			
	parler	**finir**	**partir**	**ouvrir**	**attendre**	**boire**
je	**parler**-ai	**finir**-ai	**partir**-ai	**ouvrir**-ai	**attendr**-ai	**boir**-ai
tu	parler-as	finir-as	partir-as	ouvrir-as	attendr-as	boir-as
il / elle	parler-a	finir-a	partir-a	ouvrir-a	attendr-a	boir-a
nous	parler-ons	finir-ons	partir-ons	ouvrir-ons	attendr-ons	boir-ons
vous	parler-ez	finir-ez	partir-ez	ouvrir-ez	attendr-ez	boir-ez
ils / elles	parler-ont	finir-ont	partir-ont	ouvrir-ont	attendr-ont	boir-ont

▶ Le futur proche

On forme le futur proche avec le verbe **« aller »** au présent et l'infinitif du verbe.

je	vais	partir
tu	vas	partir
il / elle	va	partir
nous	allons	partir
vous	allez	partir
ils / elles	vont	partir

> **ATTENTION** Il existe des futurs irréguliers ; ces futurs ne sont pas formés sur l'infinitif :
>
> avoir → j'aurai
> être → je serai
>
> aller → j'irai
> faire → je ferai
> savoir → je saurai
> voir → je verrai
> pouvoir → je pourrai
> vouloir → je voudrai
> venir → je viendrai
>
> Voir les tableaux de conjugaisons.

■ Emploi

▶ Le futur simple

On emploie le futur simple pour exprimer une action à venir :
proche : <u>Dimanche prochain</u>, nous **ferons** un pique-nique en forêt.
lointaine : <u>Bientôt</u>, les gens **pourront** voyager dans l'espace.

ou pour exprimer un ordre :
Vous **finirez** cet exercice à la maison.
Vous **prendrez** ce médicament pendant une semaine.

▶ Le futur proche

On emploie le futur proche :
– pour insister sur le fait qu'une action est très proche :
   Regarde le ciel, il **va pleuvoir** !
   L'avion **va atterrir** dans cinq minutes.
– pour indiquer un projet qu'on veut réaliser :
   L'année prochaine, on **va fêter** les 80 ans de ma grand-mère.
   Cet été, je **vais faire** de la randonnée dans les Alpes.

> **REMARQUE**
> Le futur antérieur (auxiliaire au futur + participe passé) s'emploie dans la proposition subordonnée de temps pour exprimer qu'une action aura lieu avant une autre :
>
> *Quand tu **auras lu** ce livre, tu me le prêteras.*
> (= d'abord tu liras, après tu me le prêteras)

◼ Quelques indicateurs de temps

Du présent	Du futur
aujourd'hui	demain / lundi prochain
en ce moment	bientôt
maintenant / actuellement	prochainement
cette semaine	la semaine prochaine
ce mois-ci	le mois prochain
cette année	l'année prochaine / dans un an

PARLONS !

Micro Trottoir : enquête sur les vacances.

– *Mademoiselle ! Vous avez des projets pour cet été ?*

– **Oui, bien sûr ! En juillet, je vais faire un stage de voile. Après, je vais travailler comme standardiste dans un hôtel et enfin, je vais partir au Sahara avec des copains.**

– *Et vous, Monsieur ?*

– *Oh moi, je vais partir au bord de la mer, je vais bien manger et bien dormir !*

METTRE EN PRATIQUE

3 Mettez les verbes au futur et soulignez les indicateurs de temps.

1. Ma sœur habite à Madrid. Je (aller) bientôt la voir.

2. Carla et Bob (revenir) en France l'année prochaine.

3. Tu n'as pas encore 18 ans. Tu (conduire) ma voiture plus tard !

4. On (annoncer) la date de l'examen aux étudiants dans quelques jours.

4 Mettez les verbes au présent ou au futur.

1. Tous les jours, je (aller) à mon cours de français à 10 h et je (rentrer) chez moi à 14 h. Il n'y (avoir) pas de cours pendant le week-end.

2. Demain, le temps (être) beau sur toute la France, mais en fin de journée des nuages (arriver) par l'ouest et il (pleuvoir) en Bretagne.

3. En général, les gens (faire) leurs courses le samedi. Mais demain, les magasins (être) fermés à cause de la fête du 1er mai.

5 Employez le futur simple ou le futur proche.

1. Il est 12 h 46. L'avion Paris-Rome (atterrir) à 13 heures.

2. Oh là là ! Le ciel est tout gris ! Il (neiger).

3. En 2030, on pense que 30 % des Français (avoir) plus de 60 ans.

4. La grand-mère du petit Pierre lui demande : « Qu'est-ce que tu (faire) quand tu (être) plus grand ?
– Je (être) policier ou pompier.

L'imparfait

■ Formation

On forme l'imparfait sur le radical de la 1re personne pluriel du présent de l'indicatif.

Pour tous les verbes, les terminaisons sont : **ais, ais, ait, ions, iez, aient**

	PRÉSENT		IMPARFAIT
1er groupe :	Nous parl-ons	→	je parl-ais
2e groupe :	Nous fin-issons	→	je fin-issais
3e groupe :	Nous part-ons, Nous ouvr-ons, …	→	je part-ais, j'ouvr-ais, …

	1er groupe parler	2e groupe finir	3e groupe partir	ouvrir	attendre	boire
je	**parl**-ais	**finiss**-ais	**part**-ais	**ouvr**-ais	**attend**-ais	**buv**-ais
tu	parl-ais	finiss-ais	part-ais	ouvr-ais	attend-ais	buv-ais
il / elle	parl-ait	finiss-ait	part-ait	ouvr-ait	attend-ait	buv-ait
nous	parl-ions	finiss-ions	part-ions	ouvr-ions	attend-ions	buv-ions
vous	parl-iez	finiss-iez	part-iez	ouvr-iez	attend-iez	buv-iez
ils / elles	parl-aient	finiss-aient	part-aient	ouvr-aient	attend-aient	buv-aient

■ Emploi

C'est le temps du passé qui exprime :

▶ **une description, une situation**

La jeune fille **portait** une robe extraordinaire et tout le monde la **regardait**.

De la terrasse de l'hôtel, on **avait** une vue splendide sur la mer qui **brillait** sous le soleil.

Nous **attendions** le bus qui ne **venait** pas et les gens **s'impatientaient** car il **faisait** froid.

▶ **une habitude dans le passé**

Chaque jour, la vieille dame **s'installait** sur un banc dans le parc et **donnait** à manger aux pigeons.

Quand j'**étais** enfant, mon grand-père me **racontait** une histoire différente chaque soir après le dîner.

■ L'expression « être en train de »

L'expression « être en train de » à l'imparfait + infinitif insiste sur la continuité de l'action.

Pourquoi n'as-tu pas répondu au téléphone ? Parce que j'**étais en train de** me doucher.

1. *Quels animaux vivaient en Europe,
il y a 130 millions d'années ?*

3. *Quel long vêtement avec de grandes
manches portaient les Japonais dans
l'ancien temps ?*

2. *Quel était le château des rois de France
aux XVIIe et XVIIIe siècles ?*

4. *Comment s'appelaient les habitants de
la France avant la conquête romaine ?*

METTRE EN PRATIQUE

6 Imitez le modèle.

Ex. (avoir) Nous … . Je … .
→ *Nous avons.* → *J'avais.*

1. (réfléchir) Nous … . Je … .
2. (savoir) Nous … . Tu … .
3. (vendre) Nous … . Il … .
4. (jouer) Nous … . Nous … .
5. (recevoir) Nous … . Vous … .
6. (pouvoir) Nous … . Ils … .

7 Écrivez les verbes à l'imparfait ou au présent.

1. Il y a quelques années, Jean (voyager) beaucoup pour son travail ; maintenant il (voyager) beaucoup moins.
2. Autrefois, les mariages entre personnes de nationalités différentes (être) rares ; aujourd'hui, ils (être) beaucoup plus fréquents.
3. Aujourd'hui, il (falloir) faire de longues études, mais avant, on (passer) son bac et on (trouver) facilement du travail.
4. Avant 1962, l'Algérie (être) une colonie française ; depuis cette date, l'Algérie (être) un pays indépendant.

33

4 | Le passé composé

■ Formation **

●● Pour la formation du participe passé, voir le chapitre 10, p. 55.

On forme le passé composé avec l'auxiliaire « **avoir** » ou l'auxiliaire « **être** » au présent de l'indicatif et le participe passé.

Les auxiliaires

▶ « **avoir** » (pour la majorité des verbes)

Forme affirmative : J'**ai** parlé, j'**ai** fini, j'**ai** ouvert, j'**ai** attendu, j'**ai** bu

Forme négative : Je n'**ai** pas parlé, je n'**ai** pas fini, je n'**ai** pas ouvert, je n'**ai** pas attendu, je n'**ai** pas bu

▶ « **être** »

– Certains verbes sont conjugués avec le verbe « **être** » :

aller / venir	revenir	devenir
arriver / partir	monter / descendre	passer
entrer / sortir	naître / mourir	retourner
tomber	rester	

Forme affirmative : Je **suis** parti(e). Elle **est** née en 1995.

Forme négative : Je ne **suis** pas parti(e).

– Certains de ces verbes sont conjugués avec « **avoir** » quand ils sont suivis d'un COD :

monter, descendre, entrer, sortir, passer, retourner

Il **est sorti** de la maison à midi et il **a sorti** la voiture du garage.
(COD)

Nous **sommes passés** par Blois et nous **avons passé** l'après-midi à visiter le château.
(COD)

– Tous les verbes pronominaux** sont conjugués avec « **être** » :

●● Voir le chapitre 4 sur les verbes pronominaux, p. 25.

Forme affirmative : Je me **suis** promené(e).

Forme négative : Je ne me **suis** pas promené(e).

■ Emploi **

●● Pour l'accord du participe passé, voir le chapitre 10, p. 55.
Elle est allée en Israël.
Cette photo, elle l'a prise l'été dernier.

C'est le temps du passé qui exprime :

▶ **une action totalement terminée** (à un moment précis du passé)

Qu'est-ce que vous **avez fait** hier ? Nous **sommes allés** au Futuroscope de Poitiers.

Je **suis né**(e) le 6 août 1971.

Ma voisine **a eu** un bébé il y a trois mois.

▶ **une succession d'actions** (quand on raconte une histoire)

<u>La nuit dernière</u>, un voleur **est entré** dans la maison de Madame Morel. <u>D'abord</u>, il **est allé** dans le salon, <u>puis</u> il **a ouvert** le tiroir du bureau <u>et</u> il **a pris** de l'argent, <u>ensuite</u> il **est passé** dans la cuisine où il **a bu** une bouteille de vin. <u>Enfin</u>, il **est sorti** doucement.

▶ **une action limitée dans le temps**

Ils **ont habité** <u>pendant quatre ans</u> au Vénézuela.

Hier, il **a plu** <u>toute la journée</u>.

▶ **une action qui a eu lieu avant le moment présent**

Marion utilise encore la voiture que ses parents lui **ont donnée** <u>il y a 5 ans.</u>

Julie dort encore parce qu'elle **a dansé** <u>toute la nuit</u>.

▮ Le passé récent

▶ On forme le passé récent avec le verbe « **venir de** » au présent et l'infinitif.

Je **viens de** <u>parler</u>.

Nous **venons d'**<u>ouvrir</u>.

▶ On emploie le passé récent pour indiquer qu'une action s'est terminée il y a très peu de temps.

Allô Madame Legrand est là? Non, elle **vient de sortir** !

On **vient de construire** un nouvel hôpital près de chez moi.

METTRE EN PRATIQUE

8 Mettez les verbes au présent ou au passé composé.

1. L'hiver en France, il (neiger) peu sauf en montagne, mais l'hiver dernier, il y (avoir) de la neige partout.

2. Qu'est-ce qu'il y (avoir) pour le dîner ce soir? Je (avoir) très faim parce que je (jouer) au foot toute la journée.

3. Pardon Madame, vous (attendre) l'autobus depuis longtemps ? Oui, depuis au moins dix minutes. Il (ne pas passer) très souvent ; hier, je le (attendre) presque vingt minutes.

4. David (skier) remarquablement bien mais il (être) un peu casse-cou et l'an dernier, il (se casser) la jambe.

9 Mettez les verbes au passé composé, en employant l'auxiliaire « être » ou l'auxiliaire « avoir ».

1. Où est Jean ? Il (sortir).
– Didier (sortir) les valises du coffre de la voiture.

2. Je (rentrer) mon vélo dans le garage.
– Nous (rentrer) de promenade à 8 h du soir.

3. Est-ce que vous (monter) en haut de l'Arc-de-Triomphe ?
– La vieille dame (monter) lentement les quatre étages.

4. Tous les voyageurs (descendre) du train.
– Anne (descendre) l'escalier en courant.

10 Faites des phrases au passé composé en utilisant : « longtemps, pendant une heure, en très peu de temps, toute la journée ».

Ex. Pleuvoir.
→ *Il a plu toute la journée.*

1. Travailler sans arrêt.

2. Trouver une chambre à louer.

3. Attendre l'autobus.

4. Jouer au badminton.

Imparfait ou passé composé ?

Dans le passé, on emploie deux temps différents :

▶ **l'imparfait pour décrire une situation,**

▶ **le passé composé pour exprimer une action.**

L'imparfait est comme une ligne : ―――――――――――――
situation

Le passé composé est comme un point : ‐ ‐ ‐ ‐ ‐ ‐ ‐•‐ ‐ ‐ ‐ ‐ ‐ ‐
action

Il **faisait** froid, le ciel **était** gris.
―――――――――――•―――――――――――
Tout à coup, le vent **s'est levé**   et   la pluie **a commencé** à tomber.

Monsieur Bernard **dormait** quand tout à coup, le téléphone **a sonné**.

REMARQUE

Au présent, on emploie un seul temps pour exprimer une action ou une situation.

Aujourd'hui, **je sors** parce qu'**il fait** beau.
(action)   (situation)

Mais au passé, on a le choix entre deux temps : l'imparfait et le passé composé.

Hier, **je suis sorti** parce qu'**il faisait** beau.
(action)   (situation)

Quelques indicateurs de temps du passé

hier	la semaine dernière	l'été dernier
autrefois	il y a huit jours	à ce moment-là
avant-hier	au XIXe siècle	cette année-là

METTRE EN PRATIQUE

11 Mettez les verbes à l'imparfait ou au passé composé.

1. Quand nous (être) enfants, nous (passer) toujours nos vacances au bord de la mer, mais en 1999 nous (faire) un grand voyage avec nos parents.

2. Anna (avoir) vingt ans quand elle (épouser) Christophe.

3. Patrick et Claire (habiter) plusieurs années à Bordeaux et ils (avoir) beaucoup d'amis.

4. Hier soir, Pascal et moi, nous (faire) une promenade en bateau-mouche sur la Seine. Tous les monuments (être) illuminés, ce (être) magnifique.

12 Mettez le texte au passé.

C'est dimanche. Il **fait** froid. Marc **est assis** près de la cheminée et il **lit** un bon roman. Tout à coup, il **entend** sonner. Il **se lève** et il **ouvre** la porte : **c'est** son ami Jean qui lui **demande** s'il **veut** aller au cinéma.

6 | Le plus-que-parfait

■ Formation

On forme le plus-que-parfait avec l'auxiliaire **« avoir »** ou l'auxiliaire **« être »** à l'imparfait de l'indicatif et le participe passé.

▶ **Auxiliaire « avoir »**

Forme affirmative : J'**avais** parlé, j'**avais** fini, j'**avais** ouvert, j'**avais** attendu, j'**avais** bu.

Forme négative : Je n'**avais** pas parlé, je n'**avais** pas fini, je n'**avais** pas ouvert, je n'**avais** pas attendu, je n'**avais** pas bu.

▶ **Auxiliaire « être »**

Forme affirmative : J'**étais** parti(e). Elle s'**était** levée.

Forme négative : Je n'**étais** pas parti(e). Elle ne s'**était** pas levée.

■ Emploi

On emploie le plus-que-parfait pour indiquer qu'une action passée a lieu **avant une autre action passée :**

Odile est partie hier en vacances. Avant de partir, elle **avait réservé** son billet d'avion dans une agence de voyages.

Le jardin était tout mouillé. Il **avait plu** toute la nuit.

> **REMARQUE**
> Pour la concordance des temps, voir le chapitre 6.
> *Il me dit qu'il **a passé** un bon dimanche.*
> *Il m'**a dit** qu'il **avait passé** un bon dimanche.*

RÉSUMONS

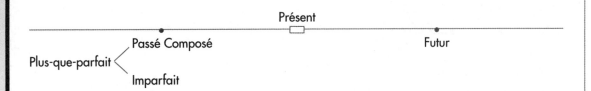

METTRE EN PRATIQUE

13 Mettez le premier verbe au passé composé et le deuxième au plus-que-parfait.

1. Le navigateur raconte qu'il a vu beaucoup de baleines pendant la traversée de l'Atlantique.
2. L'agent de police arrête la voiture. Le conducteur est passé au feu rouge.
3. Je lui dis ce qui est arrivé pendant son absence.
4. Ils font un voyage en Norvège. Ils n'ont jamais visité ce pays.
5. Il répare le jouet que son fils a cassé.

14 Complétez les phrases par un passé récent et un futur proche.

Ex. Ils … avoir un enfant ; leur vie … changer.
→ *Ils viennent d'avoir un enfant ; leur vie va changer.*

1. Fabien … avoir son bac. Qu'est-ce qu'il … faire l'an prochain ?

2. Max est là ? Non, il … sortir ; il … revenir dans quelques instants.

3. Irina … m'appeler sur mon portable. Elle … passer me voir.

15 Mettez les verbes au temps convenable. (Aidez-vous des indicateurs de temps.)

1. Je (rencontrer) Matthieu il y a deux ans, le 20 décembre 1997. Je (vivre) avec lui depuis un an. Dans dix ans, est-ce que Matthieu et moi, nous (vivre) encore ensemble ?

2. Le matin, généralement je (se lever) vers 8 h, mais jeudi dernier, je (se lever) à 5 h du matin parce que je (vouloir) partir très tôt.

3. Alban (naître) en 1920, maintenant il (avoir) 78 ans et en l'an 2020, il (fêter) ses 100 ans !

4. Le festival de Cannes (avoir lieu) dans trois mois. On (se demander) quel film (obtenir) la Palme d'Or.

16 Quelle est la phrase correcte ?

1. Quand je suis arrivé,
   ☐ il pleuvait.   ☐ il a plu.

2. Il m'a téléphoné pendant que
   ☐ j'ai dîné.   ☐ je dînais.

3. Il a passé son bac quand
   ☐ il a eu 16 ans.   ☐ il avait 16 ans.

4. Quand je suis rentré chez moi à minuit,
   ☐ il n'y avait personne dans la rue.
   ☐ il n'y a eu personne dans la rue.

17 Imitez le modèle.

Ex. Avant, je n'**aimais** pas marcher. L'été dernier, j'**ai fait** de la randonnée avec des copains. Maintenant, j'**adore** marcher.

1. Dans mon enfance, je / détester le fromage – une fois, goûter du camembert – maintenant, manger souvent du fromage.

2. Quand je / être petit, avoir peur de l'eau – une année, passer des vacances au bord de la mer – maintenant, adorer se baigner.

3. Jusqu'à 12 ans, je / être très timide – jouer dans une pièce de théâtre à l'école – depuis, avoir confiance en moi.

4. Quand je / être petit, faire des cauchemars horribles – puis aller voir un psychologue – maintenant dormir très bien.

18 Mettez les verbes aux temps convenables.

Diane a 25 ans. Elle (être) hôtesse de l'air à Air-France. Quand elle (être) enfant, elle (voyager) avec ses parents qui (être) diplomates. Ça lui (donner) le goût d'apprendre les langues. Maintenant, elle (faire) partie de l'équipage Paris-Tokyo, mais dans quelques mois, elle (changer) de ligne. Elle ne (savoir) pas encore où elle (aller). Elle ne (avoir) jamais d'accident en vol, et elle (espérer) qu'elle n'en (avoir) jamais !

19 Présent ou passé composé ?

1. La nuit dernière, je (dormir) dix heures ; aujourd'hui, je (être) en pleine forme !

2. Bill et sa femme (visiter) plusieurs régions de France, mais ils (ne pas encore connaître) la Provence.

20 Imparfait ou passé composé ?

1. Dimanche dernier, je (se lever) à 7 h, je (prendre) le train pour Chartres, je (arriver) à 9 h, je (visiter) la cathédrale. Tous les vitraux (briller) au soleil.

2. Hier, nous (passer) la journée à la plage, nous (se baigner), l'eau (être) délicieuse.

3. Autrefois, Sylvie et moi, nous (monter) à cheval tous les samedis, mais une fois, je (faire) une chute et je (rester) immobilisé pendant six mois !

4. L'année dernière, je (aller) régulièrement à la piscine ; cette année, je n'y (aller) que deux ou trois fois.

21 Imparfait, passé composé ou plus-que-parfait ?

1. Je (perdre) le joli collier que je (acheter) en Italie l'été dernier. Quel dommage !

2. Est-ce que Marie est chez elle à cette heure-ci ?
Oui, je lui (téléphoner) il y a 5 mn, elle (rentrer) déjà.

3. Ce matin, je (être) en retard ; je (courir) jusqu'au métro et … je (voir) que je (oublier) ma carte orange.

4. Dimanche matin, quand nous (se réveiller), la campagne (être) toute blanche ; il (neiger) toute la nuit.

22 **Mettez les verbes au passé.**

François et moi, nous sommes assis dans un train qui va en Suisse. Nous avons quitté Paris à 7 h du matin. Je lis un journal et en face de moi, François dort. Vers 10 h, le contrôleur passe et demande les billets. Un des voyageurs cherche son billet pendant cinq minutes. Finalement, il le retrouve. Le billet est tombé sous son siège.

DELF **unité A1**

23 Conjuguez les verbes entre parenthèses aux temps corrects du passé.

Mon cher Philippe,

L'année dernière à Tokyo, tu (dire) qu'il (falloir) passer les épreuves du DELF 1ᵉʳ degré. Alors, je (s'inscrire) à l'unité A1. Je (obtenir) facilement cet examen grâce aux cours de français que tu (me donner) à l'institut franco-japonais. Tous les étudiants de la classe (s'amuser) quand nous (faire) les jeux de rôle. Un jour mon ami Ho (monter) sur une chaise pour imiter un chanteur ; le pied de la chaise (se casser) et il (tomber). Heureusement , il (ne pas se faire mal) et toute la classe (rire) aux éclats. C'(être) le bon temps.

Mes amitiés

Michihiro.

24 C'est le jeudi 8 août. Vous écrivez une carte postale à un ami (en vous servant des éléments ci- dessous) pour lui raconter ce que vous avez fait, ce que vous faites, ce que vous ferez. Vous lui demandez aussi de venir vous chercher à l'aéroport à Paris.

Lundi 5 aôut
Départ de Paris pour Marseille(avion). Bateau à 19 heures. Traversée calme.

Mardi 6 août
Arrivée en Corse. Louer une voiture. Première nuit à l'hôtel.

Mercredi 7 août
Arrivée dans un camping. Bord de la mer. Merveilleux bain de minuit.

Jeudi 8 août
Promenade en bateau. Pique-nique.

Vendredi 9 août
Dîner au restaurant. Soirée avec mes amis anglais.

Samedi 10
Retour à Marseille. Nuit chez des amis.

Dimanche 11
Arrivée à l'aéroport Charles de Gaulle. Paris. 12h45

Cher Étienne,

Je suis en Corse depuis le 6 août. Le 5, je suis …

…

Aujourd' hui …

Demain …

Le 10 …

…

Amicalement

Paul

L'INDICATIF DANS LA PROPOSITION INTRODUITE PAR QUE

On emploie le mode indicatif après des verbes qui expriment une réalité, une certitude.

1 Verbes suivis de « que » + indicatif

On annonce — qu'un groupe de rock **donnera** un concert samedi soir à la salle des fêtes.
(proposition principale) — (proposition subordonnée)

Cette phrase se compose d'une proposition principale et d'une proposition subordonnée introduite par la conjonction **« que »**.

Le verbe de la subordonnée est à l'indicatif quand le verbe principal sert à :

▶ **Faire une déclaration, à communiquer**

dire, téléphoner, répondre, écrire, raconter, savoir, …

Madame Moret téléphone à sa secrétaire **qu**'elle **arrivera** vers midi au bureau.

Damien m'écrit **qu**'il **est** très content à l'université de Bordeaux.

▶ **Donner son opinion**

penser, croire, espérer, trouver, avoir l'impression, …

Je crois **qu**'on **a** le temps d'aller prendre un café avant le cours.

Beaucoup de gens trouvent **que** la vie dans les grandes villes **est** stressante.

▶ **Exprimer une certitude**

être sûr(e) , être certain(e), c'est sûr, , c'est certain, c'est évident , …

Je suis sûr **que** ce restaurant **est** ouvert jusqu'à minuit.

C'est évident **qu**'il ne **faut** pas partir seul en haute montagne.

METTRE EN PRATIQUE

1 Utilisez ces verbes pour compléter les phrases : « c'est certain, c'est évident, raconte, a l'impression, croit ».

1. M. Legros … à tout le monde qu'il est riche, qu'il possède une belle maison et qu'il a une femme ravissante.

2. Kristina arrive de Pologne, elle n'ose pas parler mais … qu'elle comprend bien.

3. Pauline voudrait se marier avec Benoît, mais elle … qu'il n'est pas encore décidé.

4. Charles est un adolescent « mal dans sa peau ». Il … toujours qu'on dit du mal de lui.

5. … que l'énergie nucléaire présente des dangers.

2 La concordance des temps

À la radio, <u>on annonce</u>   qu'il **pleuvra** demain.

À la radio, <u>on a annoncé</u>   qu'il **pleuvrait** demain.

    (proposition principale)   (proposition subordonnée)

Ces deux phrases ont le même sens mais dans la première, le verbe principal est au présent et dans la seconde, il est au passé : cela entraîne le changement du temps du verbe subordonné.

■ Le verbe principal est au présent.

▶ Tout se passe dans le présent.

Les deux actions se passent en même temps : elles sont simultanées.

Émilie me **dit** qu'elle <u>travaille</u> chez elle <u>cet après-midi</u>.

(verbe principal au présent)   (verbe subordonné au présent)

▶ Le verbe subordonné exprime une action qui est totalement terminée.

Il est au passé composé ou au passé récent. L'action de la subordonnée a lieu avant celle de la principale.

Émilie me **dit** qu'elle <u>a fini</u> son travail.

       (maintenant)   (avant = passé composé)

Émilie me **dit** qu'elle <u>vient de finir</u> son travail.

              (passé récent)

▶ Le verbe subordonné exprime une action à venir.

Il est au futur ou au futur proche. L'action de la subordonnée aura lieu après celle de la principale.

Émilie me **dit** qu'elle <u>ira</u> à la chorale <u>demain</u>.

       (maintenant)   (après = futur simple)

Émilie me **dit** qu'elle <u>va aller</u> à la chorale <u>ce soir</u>.

            (futur proche)

■ Le verbe principal est au passé.

Le verbe subordonné doit aussi être au passé : c'est la règle de la concordance des temps.

▶ Le présent devient l'imparfait.

Émilie me **dit**   qu'elle **reste** chez elle.

→ Émilie m'**a dit** qu'elle <u>restait</u> chez elle cet après-midi.

▶ Le passé composé devient le plus-que-parfait.

Émilie me **dit**   qu'elle **a fini** son travail.

→ Émilie m'**a dit** qu'elle <u>avait fini</u> son travail.

▶ Le passé récent devient « venir de » à l'imparfait + infinitif.

Émilie me **dit**   qu'elle **vient de finir** son travail.

→ Émilie m'**a dit** qu'elle <u>venait de finir</u> son travail.

▶ **Le futur devient le futur dans le passé, c'est-à-dire la même forme que le conditionnel présent**[••]**.**

Émilie me **dit** qu'elle **ira** à la chorale.

→ Émilie m'**a dit** qu'elle **irait** à la chorale.

•• Voir le chapitre 8 sur le conditionnel, p. 48.

▶ **Le futur proche devient « aller » à l'imparfait + infinitif.**

Émilie me **dit** qu'elle **va aller** à la chorale.

→ Émilie m'**a dit** qu'elle **allait aller** à la chorale.

PARLONS !

À la sortie du cinéma

– *Alors vous avez aimé ? Oui, mais je trouve que les effets spéciaux sont formidables.*

– *Moi, je pense que c'est trop long !*

– *Je suis sûr que ce film aura toujours du succès.*

– *Pas d'accord ! Je crois que c'est simplement un phénomène de mode.*

METTRE EN PRATIQUE

2 Mettez le verbe au temps convenable.

1. Il a beaucoup travaillé. Tout le monde est sûr qu'il (réussir) son examen.

2. Matthias a passé un an à l'étranger. Je trouve qu'il (changer).

3. Elle ne parle pas beaucoup. C'est vrai qu'elle (être) très timide.

4. On raconte que Napoléon 1er (dormir) dans l'auberge de ce village.

5. Ils sont partis un peu tard. J'espère qu'ils (ne pas manquer) leur train.

6. Il dit souvent que tu (conduire) trop vite.

3 Récrivez la phrase en faisant la concordance des temps.

1. Je crois que la banque est encore ouverte.
   – Je croyais … .

2. Tout le monde espère qu'il fera beau pendant le week-end.
   – Tout le monde espérait … .

3. Il me dit qu'il a déjà vu ce film.
   – Il m'a dit … .

4. Ma sœur m'écrit qu'elle rentrera du Japon en décembre prochain.
   – Ma sœur m'a écrit … .

5. David décide qu'il va faire des études de médecine.
   – David a décidé … .

6. On annonce que l'avion de Séoul vient d'atterrir.
   – On a annoncé … .

7. La vieille dame raconte toujours qu'elle a bien connu Coco Chanel.
   – Elle racontait toujours que … .

4 Commencez les phrases par « je trouve que » ou « je suis sûr que ».

Ex. Ce tableau : ... que les couleurs sont affreuses. → *Je trouve qu'elles sont affreuses.*
Ce tableau : ... que personne ne voudra l'acheter. → *Je suis sûr que personne ne voudra l'acheter.*

1. La nouvelle directrice de la banque.   ... qu'elle a beaucoup d'autorité.
    ... qu'elle réussira très bien dans cette fonction de direction.

2. La loi limitant à 35 heures   ... que payer 35 h comme 39 h, ce sera dur pour certaines
la semaine de travail.   entreprises.
    ... que les loisirs, c'est plus important que tout !

3. La dernière réforme de l'enseignement.   ... qu'elle sera vite remplacée par une autre.
    ... qu'elle ne change rien.

4. Le nouveau modèle de voiture Renault.   ... qu'il est révolutionnaire.
    ... qu'il ne se vendra pas !

5 Mettez les verbes aux temps qui conviennent.

1. Vous ne voulez vraiment pas goûter ces escargots de Bourgogne ! Je vous assure qu'ils (être) délicieux.
– Non, je déteste ça, je trouve que les escargots, ce (être) dégoûtant.

2. Denis m'a téléphoné qu'il (être) en panne sur l'autoroute, qu'il (attendre) la voiture de dépannage et qu'il (arriver) quand il pourrait.
– Je lui ai répondu que je (être) fatiguée et que je (se coucher) sans l'attendre.

3. Caroline m'a indiqué que la route départementale D5 (traverser) des endroits très jolis mais qu'elle (tourner) beaucoup. J'ai trouvé en effet que les paysages (être) très beaux mais qu'il ne (falloir) pas oublier de regarder la route pour ne pas se retrouver dans les champs !

4. On annonce ces jours-ci dans la presse du cœur que la fille du célèbre milliardaire Osiris (trouver) son prince charmant. Il paraît que le mariage (avoir) lieu l'été prochain dans une petite île des Caraïbes.

5. Au commissariat de police, on m'a dit que, pour faire renouveler mon passeport, je (devoir) apporter mon ancien passeport, deux photos et un timbre fiscal. L'employé m'a affirmé qu'on le (faire) dans la journée.

DELF   unité A4

6 Transmettez le message suivant à Christian en suivant les indications données. Faites les transformations nécessaires.

Bonjour Christian,
J'ai travaillé tout l'été et je n'ai eu que quelques jours de congé. Je suis allée à Montréal une seule fois. Je prends des vacances en septembre à Paris.
J'arriverai le 11 septembre, je resterai jusqu'au jeudi suivant. J'espère que je pourrai te voir. Téléphone-moi.

       Bonne fin d'été.
       Marie-Fleurette

Christian, tu as reçu un message de Marie. Elle t'a écrit qu'elle avait travaillé tout l'été, qu'elle n' ... et qu'elle ... .
Elle a dit aussi qu'elle pre..., qu'elle arriv... et qu'elle rest... .
Elle espère qu'elle p... .
Elle te demande de ... et te souhaite ... .

LE SUBJONCTIF

Le mode subjonctif s'emploie toujours dans une proposition subordonnée après des verbes qui expriment une obligation, une possibilité ou un sentiment.

1 La formation du subjonctif

▶ **On forme le subjonctif sur le radical de la 3e personne du pluriel du présent de l'indicatif.**

Pour tous les verbes, les terminaisons sont : **e, es, e, ions, iez, ent**

	INDICATIF PRÉSENT		SUBJONCTIF
1er groupe :	ils parl-**ent**	→	que je parl-**e**
2e groupe :	ils fin**iss**-**ent**	→	que je fin**iss**-**e**
3e groupe :	ils part-**ent**	→	que je part-**e**

	1er groupe **parler**	2e groupe **finir**	3e groupe **partir**
que je	parl-**e**	fin**iss**-**e**	part-**e**
que tu	parl-**es**	fin**iss**-**es**	part-**es**
qu'il / elle	parl-**e**	fin**iss**-**e**	part-**e**
que nous	parl-**ions**	fin**iss**-**ions**	part-**ions**
que vous	parl-**iez**	fin**iss**-**iez**	part-**iez**
qu'ils / elles	parl-**ent**	fin**iss**-**ent**	part-**ent**

Pour tous les verbes, les trois personnes du singulier et la troisième personne du pluriel sont phonétiquement identiques.

▶ **Le subjonctif de certains verbes du 3e groupe se forment sur deux radicaux.**••

– Quatre personnes (je, tu, il, ils) se forment sur le radical de la 3e personne du pluriel.

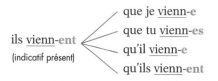

ils <u>vienn</u>-**ent**
(indicatif présent)

que je <u>vienn</u>-**e**
que tu <u>vienn</u>-**es**
qu'il <u>vienn</u>-**e**
qu'ils <u>vienn</u>-**ent**

•• Comme pour les verbes venir, revenir, devenir, tenir, obtenir, apprendre, comprendre, boire, recevoir, …
Voir le tableau des conjugaisons page 160.

– Deux personnes (nous, vous) se forment sur le radical de la 1re personne du pluriel.

nous <u>ven</u>-**ons**
(indicatif présent)

que nous <u>ven</u>-**ions**
que vous <u>ven</u>-**iez**

▶ **Le subjonctif des auxiliaires**

	être	avoir
que je	sois	aie
que tu	sois	aies
qu'il / elle	soit	ait
que nous	soyons	ayons
que vous	soyez	ayez
qu'ils / elles	soient	aient

REMARQUE

D'autres verbes ont des radicaux irréguliers.

Faire	*que je* **fasse**
Savoir	*que je* **sache**
Pouvoir	*que je* **puisse**
Aller	*que j'* **aille**
	(mais *que nous* **allions**)
Vouloir	*que je* **veuille**
	(mais *que nous* **voulions**)

2 L'emploi du subjonctif

On rencontre le subjonctif dans une proposition introduite par **« que »**.

Nous sommes très contents que vous acceptiez notre invitation.

■ On emploie le subjonctif dans la proposition subordonnée introduite par « que » quand le verbe principal exprime :

▶ **une obligation, une volonté**

il faut que, je veux que, …

Il faut que je parte tout de suite.

Le directeur ne veut pas qu'un élève sorte sans permission.

▶ **une possibilité, un doute**

il est possible que, je ne suis pas sûr que, …

Il est possible que nous déménagions bientôt.

Je ne suis pas sûr que ce magasin soit ouvert jusqu'à 20 h.

▶ **un sentiment, une appréciation ou un jugement**

je préfère que, j'ai peur que, j'ai envie que, j'aime mieux que, …
je suis content que, je suis désolé que, …
c'est important que, il est dommage que, …

Aujourd'hui, il n'est pas libre, il aimerait mieux que tu viennes demain.

Je suis désolé que votre père soit malade.

C'est important que vous sachiez employer le subjonctif.

> **REMARQUE**
>
> Le subjonctif présent exprime aussi le futur, car le subjonctif futur n'existe pas.
>
> *Il faut que j'aille chercher ma sœur à l'aéroport demain.*

> **REMARQUE**
>
> Les verbes d'opinion (croire, penser, trouver, être sûr, …) peuvent être suivis du subjonctif lorsqu'ils sont à la forme négative.
>
> *Je ne suis pas sûr(e) qu'il vienne.*
> *Je ne pense pas que ce film soit pour les enfants.*

■ L'indicatif ou le subjonctif ?

COMPAREZ

Je crois qu'il partira demain.
(opinion = indicatif)

Le professeur dit que je fais des progrès.
(déclaration = indicatif)

Il faut qu'il parte demain.
(obligation = subjonctif)

Le professeur est satisfait que je fasse des progrès.
(sentiment = subjonctif)

■ L'emploi de l'infinitif à la place du subjonctif

Quand le verbe principal et le verbe subordonné ont le même sujet, on doit employer un infinitif au lieu de « que » + subjonctif.

Je veux venir avec vous.
et non : Je veux que je vienne avec vous.

> **REMARQUE**
>
> On emploie le subjonctif dans une proposition introduite par « pour que » et par « bien que » :
>
> *Téléphone-moi pour que je sache quand tu arrives.*
>
> *Bien qu'il pleuve, le match continue.*
>
> Voir le chapitre 26, p. 136 et 137.

PARLONS !

Quel week-end !

Il faut que je conduise les enfants chez ma mère.

Il faut que je range la maison.

Il faut que j'aille chez le coiffeur.

Il faut que je fasse les courses et que je sois prête à 20 h pour recevoir mes amis !

METTRE EN PRATIQUE

1 **Imitez le modèle.**

Ex. Ils pensent :   → *Il faut que je pense.*

1. Ils mangent :   → il faut que je … .
2. Ils réfléchissent :   → il faut que tu … .
3. Ils se servent :   → il faut qu'il … .
4. Ils sortent :   → il faut que nous … .
5. Ils ouvrent :   → il faut que vous … .
6. Ils dorment :   → il faut qu'ils … .

2 **Imitez le modèle.**

Ex. Ils reçoivent.
→ *Il faut que je reçoive.*
    Nous recevons.
→ *Il faut que nous recevions*

1. Ils comprennent.   → il faut que je … .
 – Nous comprenons.   → il faut que nous … .

2. Ils reviennent.   → il faut que je … .
 – Nous revenons.   → il faut que nous … .

3. Ils boivent.   → il faut que je … .
 – Nous buvons.   → il faut que nous … .

3 **Mettez le verbe au subjonctif présent.**

1. Il faut que je (aller) à la poste.
2. C'est dommage qu'il (faire) si mauvais aujourd'hui.
3. Tu préfères que nous (aller) au cinéma ou au restaurant ?

4. Corinne aimerait bien que son ami (venir) la voir.
5. C'est important que tu (prendre) de la vitamine C si tu as la grippe.

4 **Formez une phrase en complétant le verbe par un infinitif ou « que » + subjonctif.**

Ex. Alain souhaite / il / devenir pilote.
→ *Alain souhaite devenir pilote.*
    Alain souhaite / son fils / devenir pilote.
→ *Alain souhaite que son fils devienne pilote.*

1. Elle désire / Pierre / lui écrire
   – Elle désire / elle / faire partie de ce club.

2. Il déteste / on / fumer chez lui.
   – Il déteste / il / être en retard.

3. Mes amis voudraient / ils / partir en vacances avec nous.
   – Mes amis voudraient / je / sortir avec eux.

5 **Utilisez ces verbes pour compléter les phrases : « c'est obligatoire, interdit, pense, souhaitons, désolé ».**

1. Le médecin … que je sorte avant d'être guéri.
2. Je suis … que tu sois trop fatigué pour venir dîner.
3. Nous … que vous puissiez trouver vite du travail.
4. … que tu aies un permis spécial pour conduire cette moto.
5. Je ne … pas que ce film soit très intéressant.

46

6 Mettez le verbe entre parenthèses à l'indicatif ou au subjonctif.

1. Le ciel est tout bleu. C'est certain qu'il (faire) beau demain.
   – Il y a beaucoup de nuages. Ça m'étonnerait qu'il (faire) beau demain.

2. Il apprend que son amie (être) à l'hôpital.
   – Il regrette que son amie (être) à l'hôpital.

3. Je sais qu'il y (avoir) une manifestation d'étudiants demain et qu'on (ne pas pouvoir) stationner dans cette rue.
   – J'ai peur qu'il y (avoir) une manifestation d'étudiants demain et qu'on (ne pas pouvoir) stationner dans cette rue.

4. Stéphane n'arrête pas de dire que notre appartement (être) trop petit et il voudrait que nous (déménager).

7 Imitez l'exemple.

Ex. Un mauvais repas : la viande n'est pas assez cuite, les spaghettis ne sont pas salés et il n'y a pas de dessert.
→ *Pour un bon repas, il faudrait que la viande soit assez cuite, que les spaghettis soient assez salés et qu'il y ait un dessert.*

1. Une classe difficile : les élèves ne sont pas à l'heure, ils n'ont pas leurs livres, ils ne savent pas leurs leçons, ils ne sont pas attentifs.
   → Le professeur voudrait que les élèves soient à l'heure, … .

2. Vincent n'est pas très en forme. Il n'a pas envie de se promener, il ne veut pas sortir avec nous, il ne jouera pas au tennis avec moi, il n'ira pas à la plage cet après-midi.
   → Je ne crois pas qu'il ait envie de se promener, … .

DELF　　unité A2

8 Exprimez votre satisfaction ou votre mécontentement au sujet du règlement suivant. Utilisez les débuts de phrases donnés et faites les transformations nécessaires.

« Il est interdit de rouler à plus de 50 km/heure dans les villes. »

Ex. Je suis d'accord pour que … .
→ *Je suis d'accord pour qu'on interdise de rouler à plus de 50 km/h dans les villes.*

1. Je trouve normal que … .
2. On a raison de … .
3. Je suis d'accord pour que … .
4. Je ne trouve pas normal que … .
5. C'est dommage que … .
6. C'est bien de / que … .
7. Je regrette que … .

9 Lisez le mot de Valérie et écrivez-lui une lettre de réponse dans laquelle vous exprimez le regret, la joie, l'espoir, le souhait … selon les nouvelles qu'elle vous donne.

Cher Sébastien,

Un petit mot pour te dire que je ne pourrai pas venir chez toi ce week-end. J'ai été sélectionnée à un concours de théâtre et je passe les épreuves finales samedi. On n'est plus que sept candidats et si je gagne le premier prix, je pourrai enfin entrer au conservatoire d'art dramatique l'année prochaine.

Pense à moi.

À un autre week-end.
Valérie

47

LE CONDITIONNEL

Le conditionnel est un mode qui exprime le désir, le rêve ou une action imaginaire.

1 La formation du conditionnel

■ Le présent du conditionnel [**]

On forme le présent du conditionnel avec le radical du futur et les terminaisons de l'imparfait : **ais, ais, ait, ions, iez, aient.**

[**] Voir les tableaux de conjugaison.

	FUTUR		PRÉSENT DU CONDITIONNEL
Être	je ser**ai**	→	je ser**ais**
Avoir	j'aur**ai**	→	j'aur**ais**
Parler	je parler**ai**	→	je parler**ais**
Finir	je finir**ai**	→	je finir**ais**
Prendre	je prendr**ai**	→	je prendr**ais**

venir	
je	viendr-**ais**
tu	viendr-**ais**
il / elle	viendr-**ait**
nous	viendr-**ions**
vous	viendr-**iez**
ils / elles	viendr-**aient**

■ Le passé du conditionnel

On forme le passé du conditionnel avec l'auxiliaire **avoir** ou **être** au présent du conditionnel et le participe passé.

J'**aurais** voulu.   Nous **aurions** voulu.   Je **serais** allé.   Nous **serions** allés.

PARLONS !

Si vous gagniez 1 million, qu'est-ce que vous feriez ?
« Nous ferions le tour du monde en bateau,
nous achèterions une grande maison sur la place,
j'offrirais un beau diamant à ma femme.
Ce serait la grande vie ! »

2 L'emploi du conditionnel

On emploie le conditionnel :

•• Pour l'emploi du conditionnel comme futur dans le passé, voir le chapitre 6, page 42.

▶ **pour exprimer un désir, un souhait, un rêve**

On emploie souvent → « j'aimerais, j'aimerais bien »
→ « je voudrais, je voudrais bien »

J'aimerais bien habiter à la montagne !

Pierre **adore** la mer. Il **voudrait** avoir un bateau.

▶ **pour exprimer une demande polie**

Est-ce que tu **pourrais** me prêter ta bicyclette ?

Je n'ai qu'un billet de 50 euros. Est-ce que vous **auriez** la monnaie ?

COMPAREZ

Est-ce que le directeur est là ? Je **veux** lui parler. (volonté = indicatif)

Est-ce que le directeur est là ? Je **voudrais** lui parler. (politesse = conditionnel)

▶ **pour donner un conseil**

On emploie « devoir » + infinitif ou « faire mieux de » + infinitif.

Vous chantez très bien ; vous **devriez** faire partie d'une chorale !

Il neige beaucoup. Tu **ferais mieux de** prendre le train et pas ta voiture.

▶ **dans une phrase avec « si »** ••

Si j'étais riche, j'**achèterais** une Ferrari.

S'il n'avait pas plu, on **aurait joué** au tennis.

•• Voir le chapitre 26 sur la condition, p. 138.

METTRE EN PRATIQUE

1 Complétez les phrases avec « vouloir » ou « aimer » au conditionnel.

1. Étienne est architecte ; son fils, lui aussi, … bien être architecte.

2. Marie a acheté des chaussures très chic ; sa copine … bien avoir les mêmes.

3. Tu as un très bel ordinateur ; je … en avoir un comme ça !

4. Daniel étudie plusieurs langues ; il … devenir interprète.

5. Antoine a plein de jeux vidéo : ses copains … bien en avoir autant.

2 Mettez les verbes soulignés au conditionnel de politesse.

1. Vous <u>avez</u> l'heure, s'il vous plaît ?

2. Christina, tu <u>peux</u> m'aider à mettre le couvert ?

3. J'ai un peu froid. Vous <u>pouvez</u> fermer la fenêtre, s'il vous plaît ?

4. Bonjour ! J'ai vu un blouson dans la vitrine. Est-ce que je <u>peux</u> l'essayer ?

3 Complétez les phrases par « devoir » ou « faire mieux de » au conditionnel.

Ex. Il va pleuvoir. Vous … prendre un parapluie.
→ *Vous devriez / feriez mieux de prendre un parapluie.*

1. Tu n'as pas l'air en forme. Tu … te reposer.

2. Votre voiture fait un drôle de bruit. Vous … la faire réparer.

3. Son travail n'est pas intéressant ; il … en chercher un autre.

4. Tu ne parles pas très bien français. Tu … passer un an en France.

4 Mettez les verbes à l'indicatif ou au conditionnel selon le sens.

1. Fred (vouloir) absolument devenir pilote.
   – Fred (vouloir) devenir pilote, mais il a une mauvaise vue.

2. Je (aimer) beaucoup les huîtres.
   – Je (aimer) manger des huîtres, mais je suis allergique aux fruits de mer.

3. Tu (devoir) lire ce roman ; il te plaira sûrement.
   – Tous les élèves (devoir) lire ce roman qui est au programme de notre classe.

4. Il n'y a plus d'électricité dans la maison. Il (falloir) absolument appeler l'électricien.
   – Il (falloir) faire repeindre l'appartement mais ça coûte cher !

5. Je (préférer) voyager en avion, mais je suis un pauvre étudiant !
   – En général, les gens (préférer) l'avion. Ça va plus vite !

6. On (pouvoir) faire une promenade sur les quais, mais il pleut.
   – On (pouvoir) se promener sur les quais de la Seine, sans rencontrer une seule voiture.

DELF **unité A2**

5 Utilisez au moins une fois les expressions suivantes pour donner deux ou trois conseils à chacune de ces personnes.

Vous devriez
Il faudrait
Si j'étais vous,
Vous pourriez
Moi, je + conditionnel
À votre place, je + conditionnel

1. PAUL : Ma femme veut adopter un chat et je déteste les animaux dans un appartement. Que dois-je faire ?

2. SOPHIE : Je dois souvent partir à la dernière minute, et je n'aime pas me dépêcher pour faire mes bagages. Donnez-moi un conseil.

3. BÉATRICE : Je ne sais jamais quels vêtements me mettre et pourtant j'en ai plein mes armoires. Une idée s'il vous plaît.

4. ALAIN : Ma femme a une bonne situation et j'ai décidé d'arrêter de travailler pour m'occuper de mes deux enfants de 8 et 10 ans. Que vais-je faire pendant qu'ils seront à l'école ? Vos suggestions s'il vous plaît.

5. GEORGES : C'est la deuxième fois qu'elle m'invite cette semaine. Comment lui refuser encore un rendez-vous. Aidez-moi.

6. ANNIE : Mon mari ronfle toute la nuit. Que faire ?

L'IMPÉRATIF

L'impératif est le mode de l'ordre, du commandement.

1 La formation de l'impératif

▶ **L'impératif a les mêmes formes que le présent de l'indicatif.**

Il n'a pas de pronom sujet. Il n'a que trois personnes.

1er groupe	tu regardes	→	regarde
	nous regardons	→	regardons
	vous regardez	→	regardez

2e groupe	tu finis	→	finis
	nous finissons	→	finissons
	vous finissez	→	finissez

3e groupe	tu viens	→	viens
	nous prenons	→	prenons
	vous faites	→	faites

▶ **L'impératif des auxiliaires**

| Être | sois | soyons | soyez |
| Avoir | aie | ayons | ayez |

▶ **L'impératif à la forme négative**

Ne regarde pas !
Ne partons pas !
Ne venez pas !

▶ **L'impératif est souvent employé avec un pronom complément**.**

C'est l'anniversaire de Joseph. Téléphone-lui !
Je serai un peu en retard. Attends-moi !
Je serai très en retard. Ne m'attends pas !

▶ **L'impératif des verbes pronominaux**

Dépêchez-vous !
Ne t'inquiète pas !

> **REMARQUE**
> Notez qu'il n'y a pas de « s »
> à la 2e personne du singulier
> des verbes du 1er groupe
> *Regarde*
> ni pour les verbes suivants :
>
> *Aller* → *va*
> *Ouvrir* → *ouvre*
> *Offrir* → *offre*
>
> sauf devant les pronoms
> « en » et « y » :
>
> *Vas-y !*
> *Penses-y !*
> *Achètes-en !*

ATTENTION L'impératif du verbe
savoir est irrégulier :

> *sache*
> *sachons*
> *sachez*

** Pour la place des pronoms à l'impératif affirmatif, voir le chapitre 24, p. 105.

ATTENTION

Notez le trait d'union entre le verbe
et le pronom complément à
l'impératif affirmatif : *Écoute-le !*

PARLONS !

Vous aimez les fruits. Prenez-en !

Ne t'énerve pas comme ça ! Calme-toi !

C'est un menteur. Ne l'écoutez-pas !

2 L'emploi de l'impératif

L'impératif s'emploie pour exprimer :

▶ **un ordre**

Viens ici tout de suite !
Lisez la leçon et **faites** les exercices !
Servez-vous de pizza !

▶ **une défense (à la forme négative)**

Ne **joue** pas au ballon dans la rue !
Ne **prenez** pas ce médicament le soir !
Ne **garez** pas votre voiture ici !

▶ **un conseil**

Il pleut. **Roulez** doucement !
Fais attention en traversant la rue !
Ne vous **penchez** pas par la fenêtre !

PARLONS !

Publicités

Allez à Capri et découvrez ses plages, ses grottes et ses hôtels de rêve !
Essayez la nouvelle Renault et appréciez son confort !

Visitez les caves de Bourgogne et goûtez nos vins !

Modes d'emploi

Débranchez votre cafetière électrique avant de la laver !
Pour enregistrer, appuyez sur le bouton rouge !

METTRE EN PRATIQUE

1 Mettez le verbe à l'impératif affirmatif puis négatif.

a. Ex. Tu manges. → *Mange / Ne mange pas.*

1. Tu sors.
2. Vous partez.
3. Tu écoutes.
4. Vous parlez.
5. Tu ouvres.
6. Vous répondez.

b. Ex. Tu te promènes. → *Promène-toi / Ne te promène pas.*

1. Tu te lèves.
2. Vous vous couchez.
3. Tu t'arrêtes.
4. Vous vous servez.
5. Vous vous asseyez.
6. Tu te tais.

2 Imitez l'exemple.

Ex. Tu aimes la salade de fruits, (se servir)
→ *Sers-toi !*

1. Tu as mal à la gorge, (prendre des pastilles).

2. Vous êtes en colère, (se calmer).

3. Ce chien n'est pas méchant, (ne pas avoir peur).

4. Tu as froid, (mettre un pull).

5. Vous êtes fatigué, (se reposer).

3 Complétez les phrases par un des verbes suivants : écouter, s'installer, prendre, lire, faire, se lever.

Passez un bon dimanche !

… à l'heure que vous voulez, … un bon petit déjeuner, … une promenade avec des amis. Le soir quand vous rentrez, … dans un fauteuil confortable, … de la musique et … votre journal préféré !

4 Mettez les verbes à l'impératif.

Madame Fortin dit à Julia, la jeune fille au pair, ce qu'elle doit faire.

1. Aller chercher les enfants à l'école à 16 h30.

2. Les faire goûter.

3. Surveiller les devoirs et les leçons.

4. Parler allemand trente minutes avec François qui l'apprend à l'école.

5. Donner le bain à Charlotte et à Paul

6. Préparer le dîner pour elle et pour les enfants.

7. Coucher les deux petits à 20 h30 et leur lire une histoire si les parents ne sont pas rentrés.

5 Imitez le modèle.

Ex. Tu m'achèteras le journal.
→ *Achète-moi le journal !*

1. Tu lui diras bonjour de ma part.

2. Tu me passeras le sucre, s'il te plaît.

3. Vous lui offrirez du champagne.

4. Tu te laveras les mains avant de déjeuner.

5. Vous me ferez un café bien serré, s'il vous plaît !

DELF unité A4

6 Lisez cette recette de cuisine.

Saucisses au riz et aux pommes

Pour quatre personnes : 8 cuillères à soupe de riz, 300 g de saucisse de Toulouse, 2 belles pommes, sel, poivre, 75 g de beurre.

• Jeter le riz dans une casserole d'eau bouillante. Le laisser bouillir huit minutes. Le goûter et l'arroser d'eau froide pour le rincer. Éplucher les pommes ; les couper. Faire fondre 30 grammes de beurre et y mettre les pommes à cuire dix minutes. Ne pas les remuer à la fourchette pour ne pas les écraser.

• Faire cuire la saucisse à la poêle et la couper en morceaux. Ajouter les pommes cuites et le riz. Remuez délicatement.

Écrivez cette recette à un(e) ami(e) selon le modèle suivant et faites les transformations nécessaires.

Jette le riz dans une casserole … .

…

…

LE PARTICIPE PRÉSENT
ET LE PARTICIPE PASSÉ

Un verbe a deux participes : le participe présent et le participe passé. Le participe présent sert à former le gérondif. Le participe passé sert à former les temps composés et la forme passive.

1 Le participe présent

■ Formation °°

°° Voir le tableau des conjugaisons.

On forme le participe présent sur le radical de la 1re personne du pluriel du présent de l'indicatif. La terminaison est « **ant** ». Le participe présent est invariable.

Regarder	nous regardons	→	regard**ant**
Finir	nous finissons	→	finiss**ant**
Prendre	nous prenons	→	pren**ant**
Faire	nous faisons	→	fais**ant**

> **REMARQUE**
> Trois participes présents sont irréguliers :
> *être* : **étant**
> *avoir* : **ayant**
> *savoir* : **sachant**

■ Emploi : le gérondif

Employé avec « **en** », le participe présent forme **le gérondif**.

En march**ant**,   en travaill**ant**

Le gérondif s'emploie avec un autre verbe pour indiquer que deux actions ont lieu **en même temps**. Les deux verbes ont **le même sujet**.

> Avec le verbe « passer »
> + indication d'une durée :
> Ne dites pas :
> *Il a passé deux heures en travaillant.*
> Mais dites :
> *Il a passé deux heures à travailler.*

▶ **Le gérondif exprime le temps.**

Géraldine <u>fait</u> ses devoirs et elle <u>écoute</u> son disque préféré.
→ Géraldine <u>fait ses devoirs</u> **en écoutant** son disque préféré.
        (en même temps)

En allant au supermarché, nous avons rencontré nos voisins.
(<u>Quand nous sommes allés</u> au supermarché, <u>nous avons rencontré</u> nos voisins)

▶ **Le gérondif exprime la manière.**

Comment avez-vous appris le français? **En suivant** des cours et **en écoutant** des cassettes.

METTRE EN PRATIQUE

1 Imitez le modèle.

a. Ex. Il travaille. Il chante.   → *Il travaille en chantant.*

1. On boit du vin blanc. On mange du poisson.

2. Les jeunes gens marchaient dans la rue. Ils regardaient les jolies filles.

3. Il a appris l'espagnol. Il a passé six mois à Madrid.

b. Ex. Elle a taché le tapis. Comment ? (renverser du café)   → *Elle a taché le tapis en renversant du café.*

1. Elle a fait un délicieux gâteau. Comment ? (suivre une recette de sa grand-mère).

2. Vous fêterez le 31 décembre. Comment ? (danser toute la nuit).

3. Il est devenu très riche. Comment ? (épouser une actrice célèbre).

2 Le participe passé

▪ Formation**

** Voir le tableau des conjugaisons.

On forme le participe passé sur le radical de l'infinitif mais, au 3ᵉ groupe, il y a beaucoup de formes irrégulières.

Être	Avoir	1ᵉʳ groupe	2ᵉ groupe
été	eu	radical + **é** aimé	radical + **i** choisi
3ᵉ groupe			
radical + **u**	radical + **i**	radical + **it**	radical + **is**
connaître : conn**u** voir : v**u** venir : ven**u** *etc.*	partir : part**i** servir : serv**i** rire : r**i** *etc.*	écrire : écr**it** conduire : condu**it** dire : d**it** *etc.*	mettre : m**is** prendre : pr**is** asseoir : ass**is** *etc.*

REMARQUE

Cas particuliers :

ouvrir : **ouvert**
offrir : **offert**
peindre : **peint**
mourir : **mort**
naître : **né**
faire : **fait**

▪ Emploi et accord

▶ **Il s'emploie pour former les temps composés** :

avec « avoir » : Nous <u>avons</u> marché dans la forêt.
Il <u>avait</u> réussi son examen.

avec « être » : Elles <u>sont</u> venues nous voir.
Ils <u>s'étaient</u> levés tôt.

** Pour les verbes conjugués avec « être », voir le chapitre 5 sur l'indicatif p. 34, et le chapitre 4 sur les verbes pronominaux, p. 25.

▶ **Avec l'auxiliaire « être », il s'accorde avec le sujet.**

Il <u>est</u> parti hier.
Les feuilles des arbres <u>sont</u> tombées.
Les touristes <u>se sont</u> promenés dans la ville.

REMARQUE

Attention à la prononciation du féminin de certains participes passés :

écrite [ekrit] *mise* [miz]
faite [fɛt] *prise* [priz]
...

▶ **Avec l'auxiliaire « avoir », il ne s'accorde pas avec le sujet.**

Nous <u>avons</u> décoré le sapin de Noël.

Mais il s'accorde avec le complément d'objet direct quand celui-ci est placé devant le verbe.

Deux cas sont possibles :

– Le complément d'objet direct est le pronom personnel **« le, la, les »**.

Ce livre, je <u>l'</u>ai déjà lu.   Ces livres, je <u>les</u> ai déjà lus.
(l' = ce livre)   (les = ces livres)

Je connais bien <u>les sœurs</u> Lubin. Je <u>les</u> ai rencontrées dans un stage d'informatique.

– Le complément d'objet direct est le pronom relatif **« que »**.

J'ai acheté une cassette-vidéo. Nous allons regarder <u>la cassette</u> que j'ai achetée.
                                        (que = la cassette)

Nous allons regarder <u>les cassettes-vidéo</u> qu'on t'a offertes pour Noël.

La forme passive**

•• Voir les tableaux de conjugaison, p. 158.

▶ **Formation**

| être + participe passé + préposition « par » + nom |

Forme active (le sujet fait l'action)	Forme passive (le complément fait l'action)
Des projecteurs **éclairent** le château. **éclaireront** **ont éclairé** **éclairaient**	Le château **est éclairé** par des projecteurs. **sera éclairé** **a été éclairé** **était éclairé**

Elle sert à insister sur le résultat de l'action.

▶ **Emploi**

COMPAREZ

Le tableau « La Joconde » **a été peint** par Léonard de Vinci.
(ce qui est important, c'est le tableau)

Léonard de Vinci **a peint** « La Joconde ».
(ce qui est important, c'est Léonard de Vinci)

On emploie souvent la forme passive sans « par ». Celui qui fait l'action n'a pas d'importance.

Allô ! Madame Bertrand ! Votre voiture **est réparée**. Vous pouvez passer la prendre.

Cette jolie tasse **est** un peu **cassée**. Quel dommage !

Le participe passé employé comme adjectif

connaître → connu :   C'est un acteur très **connu**.

C'est un film **interdit** aux enfants de moins de 12 ans.

METTRE EN PRATIQUE

2 Faites l'accord du participe passé.

a. **1.** Les invités sont (arrivé) vers 9 heures.

2. Juliette est (resté) chez elle toute la journée.

3. Le cours est (fini). Vous pouvez sortir.

4. Hier soir, nous sommes (allé) au bal du 14 juillet. Nous nous sommes bien (amusé).

b. **1.** Ces chaussures, je ne les ai (mis) qu'une fois !

2. Cette maison, nous l'avons (habité) pendant dix ans.

3. Tes cousins, je ne les ai jamais (vu) !

4. J'adore ton bracelet. Où l'as-tu (acheté) ?

c. **1.** Regarde les belles roses que Gérard m'a (offert) !

2. Vous pouvez faire réparer votre montre à l'adresse que je vous ai (indiqué).

3. Où est le dictionnaire que je t'ai (prêté) ?

4. Il range les vêtements qu'il a (lavé).

3 Reliez les phrases.

1. En quittant la maison,
2. En courant dans l'escalier,
3. En voyant son ami,
4. En répondant à une annonce dans le journal,
5. En cherchant des champignons,

a. elle s'est jetée dans ses bras.
b. on a vu un gros serpent.
c. j'ai bien fermé la porte.
d. il est tombé et il s'est fait très mal.
e. elle a trouvé un travail pour l'été.

4 Mettez à la forme passive.

a. Ex. Le directeur invite Monsieur Leroy.
→ *Monsieur Leroy est invité par le directeur.*

1. L'agent de police règle la circulation.
2. En automne, le vent emporte les feuilles mortes.
3. La pâtisserie « Au croissant d'or » fabrique ces délicieux gâteaux au chocolat.

b. Ex. Le directeur a invité Monsieur Leroy.
→ *Monsieur Leroy a été invité par le directeur.*

1. Jean a pris cette photo l'année dernière.
2. En 1989 Jessye Norman a chanté la Marseillaise place de la Concorde.

3. Le maire a inauguré une nouvelle école professionnelle.
4. Graham Bell a inventé le téléphone.

c. Ex. Le directeur invitera Monsieur Leroy.
→ *Monsieur Leroy sera invité par le directeur.*

1. Monica présentera la collection du couturier Yves Saint-Laurent.
2. Serge Colonne dirigera l'orchestre des Pays-de-Loire.
3. L'entreprise Matérix fera les travaux de l'immeuble.

5 Accordez les participes passés si nécessaire.

En 1986, le docteur Étienne est (parti) seul avec ses chiens pour arriver au Pôle Nord. Il a (marché) sur ses skis pendant deux mois. La radio qu'il avait (emporté) était son seul contact avec les hommes. Ses chiens étaient bien (dressé). Il les avait (habitué) à sa voix. L'homme et les chiens sont (devenu) des amis. Ils ont (partagé) la fatigue, le froid, la peur. Le docteur Étienne a (raconté) l'étonnante aventure qu'il a (vécu) dans un livre magnifique.

DELF unité A2

6 Complétez les articles de faits divers suivants. Mettez les verbes entre parenthèses au passif et les verbes soulignés au gérondif. Attention aux accords.

1. Une bien désagréable surprise !

Vendredi dernier, 22 janvier, la maison de M. et Mme Juillet (cambrioler) : des livres précieux (emporter), des bouteilles de vin (casser), le réfrigérateur (vider).
Une enquête (ouvrir).

2. Camion en feu.

Vers 12 h 30, hier, underline traverser le village de Nétreville, un camion a pris feu. Les marchandises (perdre). Heureusement, l'incendie (maîtriser) rapidement par les pompiers. Une catastrophe (éviter) de justesse.

3. Trois groupes de jeunes vont visiter le Bénin.

Avant le départ, les jeunes (recevoir) demain par le maire de la ville. Le financement de leur séjour (assurer) par plusieurs associations. Les jeunes (accueillir) par des familles dès leur arrivée. Ils feront de nouvelles expériences underline voyager et underline découvrir l'Afrique.

1 Savoir / Connaître

■ Savoir

▶ Savoir + infinitif

= être capable de faire quelque chose qu'on a appris à faire.

Est-ce que tu sais nager ?   Oui, je **sais nager**.   (= j'ai appris à nager)

Est-ce que tu **sais** ⇐ conduire une moto ?
faire des crêpes ?
jouer de la trompette ?

▶ Savoir + proposition subordonnée

= avoir une information sur un point précis.

Savoir ⟨ que
comment
où
pourquoi
quand
si
ce qui, ce que
…

Est-ce que **vous savez** ⟨ que Marion va se marier en juillet ?
comment on va à la Sorbonne ?
où est l'église Saint Pierre ?
pourquoi Jean n'est pas là ?
quand le train partira ?
si on peut changer de l'argent dans cette gare ?
ce qu'il a dit.
…

■ Connaître + nom

▶ Connaître quelque chose

= identifier ou avoir l'expérience d'une chose.

Je **connais** ⇐ cette chanson   (= je l'ai entendue)
ce restaurant   (= j'y ai déjà déjeuné)
la Thaïlande   (= j'y suis déjà allé)

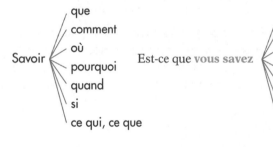

Ne dites pas :
Je connais que le train part à 8h.
Je connais pourquoi il n'est pas là.
Mais dites :
*Je **sais** que le train part à 8h.*
*Je **sais** pourquoi il n'est pas là.*

▶ Connaître quelqu'un

= identifier quelqu'un ou avoir des relations sociales avec quelqu'un.

Vous **connaissez** cet homme politique ? Oui, c'est le ministre des Affaires étrangères.
Je **connais** la famille Legrand depuis dix ans.

2 Pouvoir + infinitif

Avoir la capacité de faire quelque chose

Ce train **peut rouler** à plus de 300 km à l'heure.

Sabine **n'a** pas **pu venir** à la discothèque avec nous ; elle était malade.

La porte est fermée à clé. On ne **peut** pas l'**ouvrir**.

> **ATTENTION** Ne confondez pas pouvoir et savoir.
> Ne dites pas :
> *Je peux conduire.*
> *Je ne peux pas parler français.*
> Mais dites :
> *Je sais conduire.*
> *Je ne sais pas parler français.*

Avoir l'autorisation de faire quelque chose

Est-ce que je **peux garer** ma voiture ici ? Non, c'est interdit.

Est-ce que les enfants de moins de 12 ans **peuvent voir** ce film ?

On ne **peut** pas **prendre** de photos dans ce musée.

La politesse

▶ **Au présent**

Pouvez-vous me **rendre** un petit service, s'il vous plaît ?

Pouvez-vous **ouvrir** la fenêtre, s'il vous plaît ?

▶ **Au conditionnel**

Pourriez-vous me **rendre** un petit service ?

Pourriez-vous **ouvrir** la fenêtre ?

L'éventualité

Une erreur de calcul, ça **peut arriver** !

Il y a des pierres sur le chemin. Attention ! on **peut tomber** !

METTRE EN PRATIQUE

1 Complétez les phrases par « savoir » ou « connaître » au présent.

1. Pardon Madame, vous … le quartier ? Est-ce que vous … où est la rue Lepic ?

2. Je … que cette vieille dame habite dans ma rue mais je ne la … pas.

3. Tu … cette fleur ? Quel est son nom ?

4. Les Bonnot … très bien l'Espagne ; ils y vont tous les étés.

5. Est-ce que vous … qui est le secrétaire général de l'ONU ?

2 Complétez par « pouvoir » ou « savoir ».

1. Je … te raccompagner en voiture, mais je ne … pas comment on va chez toi.

2. Je … faire du ski et j'aime bien ça, mais malheureusement, je ne … pas en faire souvent.

3. Tu … jouer de la guitare ?

4. On ne … pas fumer dans un hôpital.

5. Est-ce que tu … me prêter un peu d'argent ?

Falloir / Devoir

Expression de l'obligation

■ **Devoir** **+ infinitif** ► pour exprimer
Il faut que **+ subjonctif** une obligation personnelle

Je **dois** rapporter ces livres à la bibliothèque avant samedi.

ou **Il faut que** je rapporte ces livres à la bibliothèque avant samedi.

Vous ne **devez** pas fumer si vous attendez un bébé.

ou **Il ne faut** pas **que** vous fumiez si vous attendez un bébé.

> Ne dites pas :
> – *C'est nécessaire que je rende ce travail pour demain.*
> – *J'ai besoin de rendre ce travail pour demain.*
>
> Mais dites :
> – *Je dois rendre ce travail demain.*
> – *Il faut que je rende ce travail demain.*

■ **On doit** **+ infinitif** ► pour exprimer
Il faut une règle générale

Pour entrer dans un casino, **on doit** avoir 18 ans.

ou Pour entrer dans un casino, **il faut** avoir 18 ans.

On ne **doit** pas stationner sur les trottoirs.

ou **Il ne faut** pas stationner sur les trottoirs.

■ **Devoir** **+ infinitif** ► pour exprimer un futur

L'avion **doit** atterrir sur la piste 2.

(= L'avion **va** atterrir sur la piste 2.)

Sophie **doit** passer chez moi samedi prochain.

(= Sophie **va** passer chez moi samedi prochain.)

METTRE EN PRATIQUE

3 Imitez le modèle.

Ex. Pierre, il faut que tu achètes des timbres.
→ *Pierre, tu dois acheter des timbres.*

1. Il faut que nous soyons à 8 h devant le cinéma !
2. Il faut que vous preniez l'autobus 21.
3. Marine et Pascal, il faut que vous écoutiez les conseils de vos parents !
4. Sabine, il faut que tu mettes ton réveil à sonner à 7 heures.
5. Constantin et Christophe, il ne faut pas que vous buviez d'alcool avant de conduire.

4 Imitez le modèle.

Ex. Pour envoyer un paquet / aller à la poste.
→ *Pour envoyer un paquet, il faut aller à la poste.*
→ *Pour envoyer un paquet, on doit aller à la poste.*

1. À n'importe quel âge / faire du sport.
2. En été sur la plage / mettre de la crème solaire.
3. La nuit / ne pas faire de bruit.
4. Quand on a mal à la gorge / ne pas fumer.
5. Quand il pleut / conduire lentement.

4 Faire / laisser + infinitif

■ Faire + infinitif = être responsable d'une action

Le vent **fait** <u>avancer</u> le bateau.

L'agent de police **fait** <u>traverser</u> les piétons.

Je vais **faire** <u>chauffer</u> de l'eau pour le thé.

Hier, le petit Nicolas **a fait** <u>tomber</u> une lampe.

■ Laisser + infinitif = ne pas empêcher

Laissez <u>dormir</u> le malade ; il est très fatigué (= ne l'empêchez pas de dormir)

Le vieux monsieur **a laissé** <u>tomber</u> sa canne.

COMPAREZ

Je **fais** <u>jouer</u> les enfants. (= j'organise leurs jeux)

Je **laisse** <u>jouer</u> les enfants. (= ils jouent tout seuls)

PARLONS !

Quelle fumée ! Faites réparer votre voiture !

Laissez passer les enfants !

**Faites-moi voir vos papiers,
s'il vous plaît !**

METTRE EN PRATIQUE

5 Imitez le modèle.

Ex. Le bébé mange. La mère … .
→   *La mère fait manger le bébé.*

1. Les plantes poussent. Le soleil … .
2. La voiture démarre. Laurent … .
3. Les enfants chantent. Le professeur … .
4. Les pommes de terre cuisent. Thomas … .
5. On a réparé ma télévision. Je … .

6 Imitez le modèle.

Ex. Le bébé dort. La mère … .
→   *Le bébé dort. La mère laisse dormir le bébé.*

1. Les voitures passent. L'agent de police … .
2. Marie parle. Jean … .
3. Les voyageurs montent dans l'autobus. Le conducteur … .
4. Le chien sort de la maison. Je … .
5. Les touristes entrent dans la nouvelle salle du musée. Le gardien … .

7 Complétez les phrases avec les verbes indiqués.

1. (pouvoir, savoir, connaître) :

   Est-ce que vous … où on … dîner près d'ici parce que je ne … aucun restaurant dans le quartier ?

2. (pouvoir, vouloir) :

   – Tu … du gâteau au chocolat ? Non merci, je ne … pas en manger : je fais un régime.

   – Laurent … devenir pilote mais je pense qu'il ne … pas parce qu'il n'est pas assez fort en mathématiques.

   – Albert, tu … aller jouer au football mais je … que tu rentres à 18 h.

3. (devoir, falloir) :

   Qu'est-ce qu'il … faire pour s'inscrire dans cette école ? On … avoir le bac et présenter une lettre de motivation.

4. (faire, laisser, devoir) :

   Mon fils travaille très mal à l'école. Qu'est-ce que je … faire ? Je le … travailler ou je le … travailler tout seul ?

DELF   **unité A3**

8 Vous avez déjeuné chez des Français ; vous avez fait des erreurs et vous avez noté quelques règles traditionnelles de savoir-vivre. Vous les écrivez dans une lettre à un ami. Utilisez : « on doit, on ne doit pas, il faut, il ne faut pas ».

Ne mettez pas vos mains sous la table !

Ne parlez pas la bouche pleine !

Ne commencez pas à manger avant la maîtresse de maison !

Coupez votre pain avec les mains !

Ne vous servez pas seul ! C'est la maîtresse de maison qui vous servira !

Lorsque vous êtes invité, ne pliez pas votre serviette à la fin du repas !

Chère amie,

Hier soir, je suis allé dîner dans une famille française et je vais t'apprendre quelques règles très importantes :

Il ne faut pas mettre ses mains sous la table. On doit les mettre sur la table.

On ne doit pas …

…

…

Qu'en penses-tu ? Existe-t-il les mêmes règles dans ton pays ?

Réponds-moi.

À bientôt.

Robin

Les verbes impersonnels sont des verbes dont le sujet est toujours le pronom « il ».
Ce pronom ne représente ni une personne, ni une chose. Il est neutre.

■ Pour situer dans l'espace

On emploie « **il y a** »•• :

Il y a un jardin botanique célèbre dans notre ville.

•• Pour l'emploi de « il y a », voir le chapitre 1 sur le verbe « avoir », p. 11.

■ Pour parler du temps et de l'heure

▶ **Pour parler du temps, on emploie « il fait », « il y a », ... :**

Il fait beau, mauvais, froid, chaud, humide, bon, ... / **Il fait** 30°.

Il y a du soleil, des nuages, du vent, de la neige, ...

On emploie aussi d'autres verbes impersonnels :

Il pleut, **il neige**, **il gèle**, ...

> Ne dites pas :
> *Le temps fait beau.*
> Mais dites :
> *Le **temps est** beau ou **il fait** beau.*

▶ **Pour parler de l'heure, on emploie « il est »•• :**

Il est huit heures du matin.

Il est tôt. / **Il est** tard.

•• Pour l'heure, voir le chapitre 24 sur le temps, p. 124.

■ Quelques verbes impersonnels très fréquents

▶ **« Il faut » exprime l'obligation•• :**

Il faut une invitation pour assister à ce défilé de mode.

•• Pour l'expression de l'obligation avec « il faut », voir le chapitre 11 sur quelques verbes importants, p. 60.

▶ **« Il reste » a le même sens que « il y a encore » :**

Est-ce qu'**il reste** des places pour le tournoi de tennis de samedi ?

Il reste très peu de tigres sur notre planète. **Il faut** les protéger.

▶ **« Il est » / c'est + adjectif + de ou que•• **

Dans la langue courante, **« c'est »** est plus fréquent que **« il est »** :

C'est / **Il est** possible, normal, important, dommage, agréable, ...

adjectif + **« de »** + infinitif : **Il est interdit de** coller des affiches sur ce mur.

          C'est facile de faire ce gâteau si on suit bien la recette.

adjectif + **« que »** :   **C'est évident qu'**on ne peut pas vivre sans dormir !

          Il est normal qu'il y ait beaucoup de monde dans les magasins le samedi.

•• Pour l'emploi de l'indicatif ou du subjonctif dans la proposition introduite par « que », voir les chapitres 6 et 7.

1 Indiquez le temps qu'il fait aujourd'hui.

1. Beau – 30° – soleil

2. Froid – pluie – 8° – beaucoup de nuages

3. Neige – vent – moins 5°

2 Complétez les phrases par « il reste, c'est vrai, il faut, il y a, c'est dommage ».

1. Pour faire une mayonnaise … un jaune d'œuf, de la moutarde et de l'huile.

2. Regarde ! … un joli petit oiseau sur le balcon.

3. Est-ce que … qu'il peut faire moins 60° en Sibérie ?

4. … du gâteau ! Tu en veux un morceau ?

5. On fait un barbecue. … que tu ne puisses pas venir !

3 Retrouvez l'ordre des mots de la phrase.

Ex. des réserves naturelles d'animaux / il y a / au Kenya
→ *Il y a des réserves d'animaux au Kenya.*

Être vacciné / indispensable de / contre le tétanos / c'est

Que / important / régulièrement / c'est / du sport / vous fassiez

En cas d'incendie / les pompiers / appeler / il faut

Évident / change la vie / que / Internet / c'est

Obligatoire de / pour un motocycliste / c'est / porter un casque

---

DELF unité A2

4 À l'aide de ces notes, écrivez une lettre à votre ami pour lui parler du temps qu'il fait généralement dans les trois régions de France où vous avez habité.

À l'ouest, en Bretagne : humide, pluie, beaucoup de nuages, doux.
Dans le sud : chaud, 35° l'été, vent en Provence.
Dans les montagnes, dans les Alpes : très froid l'hiver, pluie et neige, beau en été.

Cher Fernando,

Je sais que tu viens habiter en France. Pour t'aider à choisir une région, je vais te dire quel temps il fait en général.

À l'ouest, il fait humide ; il … .
Dans le sud, … .
Dans les montagnes, … .

J'espère que tu vas bien.

Avec toutes mes amitiés.
Jules.

LE NOM

Le nom a un genre (masculin ou féminin) et un nombre (singulier ou pluriel).

1

Le nom est généralement précédé d'un déterminant.

▶ **Le déterminant peut être :**
- – un article :   **un** dictionnaire, **la** maison, **du** pain   (voir chapitre 14)
- – un adjectif démonstratif : **ce** livre   (voir chapitre 16)
- – un adjectif possessif :   **ma** mère   (voir chapitre 15)
- – un nombre :   **deux** stylos   (voir chapitre 17)
- – un adjectif indéfini :   **plusieurs** stylos   (voir chapitre 17)
- – un adjectif interrogatif : **quel** jour ?   (voir chapitre 3)

▶ **Il peut être complété par un adjectif, un complément, une proposition relative.**
C'est alors un groupe nominal.

Nous avons visité un château   très ancien.   (adjectif)

                            du XIIᵉ siècle.   (complément)

                            qui est aujourd'hui un musée du vin.   (proposition relative)

Le masculin et le féminin

Noms animés (personnes et animaux)

Pour former le féminin, on ajoute un « **e** » au masculin.

▶ **La prononciation ne change pas :**

un ami   →   une ami**e**

l'employé   →   l'employé**e**

▶ **La prononciation change :**

On identifie le féminin par la prononciation :

a) de la consonne finale :

un marchand   →   une marchand**e**

un Chinois   →   une Chinois**e**

b) de la voyelle et de la consonne finales :

un Américain   →   une Améric**aine**

un cousin   →   une cous**ine**

un étranger   →   une étrang**ère**

un infirmier   →   une infirm**ière**

un champion   →   une champ**ionne**

un chien   →   une ch**ienne**

REMARQUE

1) Au masculin, ne prononcez pas le « r » final :
étranger [e]

Au féminin, notez l'accent grave :
une infirmière [ɛʀ]

2) Notez le doublement de la consonne finale :
une championne
une chienne

ATTENTION un copain → une copine

▶ **La terminaison du féminin est différente du masculin.**

– **eur** → **euse**   vendeur   →   vend**euse**

                     coiffeur   →   coiff**euse**

– **teur** → **trice**   acteur   →   ac**trice**

                     directeur →   direc**trice**

▶ **Cas particuliers**

Certains noms ont des formes différentes au masculin et au féminin.

le mari	→	la femme		l'oncle	→	la tante
le père	→	la mère		le neveu	→	la nièce
le garçon	→	la fille		le coq	→	la poule
le fils	→	la fille		le mâle	→	la femelle

Pour les noms déjà terminés par « e », c'est le déterminant qui indique le genre.

le / la touriste   le / la propriétaire

un / une élève   le / la ministre

■ Noms inanimés (objets et idées)

En général, il n'y a pas de règle. C'est le déterminant qui indique le genre. Il faut consulter le dictionnaire.

le soleil   /   la lune

le travail   /   la vie

le stylo   /   la maison

Certaines terminaisons indiquent le genre, mais il y a des exceptions.

ATTENTION aux exceptions :
*le bonheur, le radiateur,
le musée, le lycée,
…*

▶ **Féminin**

-ion	→	la nat**ion**, la négat**ion**, l'opin**ion**, la rég**ion**
-té	→	la beau**té**, la facili**té**
-ure	→	la fermet**ure**, la coiff**ure**, l'écrit**ure**, la peint**ure**
-eur	→	la chal**eur**, la longu**eur**, la larg**eur**
-esse	→	la rich**esse**, la polit**esse**, la vit**esse**
-ette	→	l'allum**ette**, la calcul**ette**, la cigar**ette**
-ie	→	l'économ**ie**, la v**ie**, la psycholog**ie**
-ée	→	la chemin**ée**, l'arriv**ée**, la pens**ée**
-ude	→	la solit**ude**, l'inquiét**ude**, l'habit**ude**

▶ **Masculin**

-isme	→	le social**isme**, le capital**isme**, le journal**isme**
-ment	→	le senti**ment**, le change**ment**
-age	→	le voy**age**, le from**age**, le vill**age**
-ier	→	le ros**ier**, le pomm**ier**, le prun**ier**
-al	→	l'anim**al**, le festiv**al**, l'hôpit**al**, le journ**al**
-et	→	le bouqu**et**, le paqu**et**, le jou**et**
-(e)au	→	le tuy**au**, le bur**eau**, le tabl**eau**, le mant**eau**

2 Le singulier et le pluriel

■ Pluriels réguliers

Pour former le pluriel, on ajoute un « **s** » au nom. Ce « **s** » n'est pas prononcé. C'est le déterminant qui indique le nombre.

ATTENTION à la liaison :
mes amis   les hommes   ces arbres

une table   →   des tables
mon frère   →   mes frères

■ Pluriels irréguliers

▶ **On ajoute un « x »**

aux noms terminés par :   **-eau**   un bateau   →   des bateaux
                                        un château   →   des châteaux

                          -eu   un cheveu   →   des cheveux
                                        un jeu   →   des jeux

à quelques noms en :   **-ou**   un chou   →   des choux
                                      un bijou   →   des bijoux

▶ **Beaucoup de noms terminés par « al » ont un pluriel en « aux ».**

un journal   →   des journaux
un animal   →   des animaux
un hôpital   →   des hôpitaux

REMARQUE
Le pluriel de « travail » est « travaux ».

▶ **Le singulier et le pluriel de certains noms ont une forme différente.**

un œil   →   des yeux
un jeune homme   →   des jeunes gens
monsieur   →   messieurs
madame   →   mesdames
mademoiselle   →   mesdemoiselles

Ne dites pas :
~~la~~ madame / ~~la~~ mademoiselle
Mais dites :
Madame / Mademoiselle

▶ **Les noms terminés par « s, x, z » ne changent pas.**

un pays   →   des pays
une voix   →   des voix
un gaz   →   des gaz

REMARQUE
Les noms de famille ne prennent pas la marque du pluriel :
Les Dumont
(= la famille Dumont)

METTRE EN PRATIQUE

1 Écrivez au pluriel.

Ex. un morceau   →   *des morceaux*

un cheval   →   ...   un genou   →   ...   une souris   →   ...
une noix   →   ...   un cahier   →   ...   un œil   →   ...
un nez   →   ...   un tableau   →   ...   un général   →   ...
un bras   →   ...   une fleur   →   ...   un chapeau   →   ...

2 Formez le féminin.

Ex. un journaliste → *une journaliste*

un inconnu → ... un acteur → ... un Allemand → ... un Japonais → ...
un client → ... un boulanger → ... un chanteur → ... un voisin → ...

3 Écrivez l'article défini « le » ou « la ».

... gouvernement / ... lecture / ... garage / ... baguette / ... réalisme / ... jeunesse / ... vérité / ... traduction / ... profondeur / ... cerisier

4 **a.** Barrez le nom masculin.

1. fleur – vêtement – administration – faiblesse
2. bonté – ouverture – voyage – division
3. hauteur – finesse – tablette – poirier

b. Barrez le nom féminin.

1. lavage – profession – appartement – racisme
2. instrument – plage – âge – panier
3. bonheur – festival – fauteuil – tendresse

5 Complétez par l'article indéfini « un » ou « une » puis mettez au pluriel.

Ex. ... fenêtre → *une fenêtre* → *des fenêtres*

... orage   des ...
... locataire   des ...
... religion   des ...
... animal   des ...
... neveu   des ...
... Péruvienne   des ...

... canal   des ...
... conversation   des ...
... prix   des ...
... bâtiment   des ...
... pianiste   des ...
... Russe   des ...

6 Complétez le texte par « le, la, les ».

... portrait de Mona Lisa par Léonard de Vinci est ... tableau le plus connu du musée du Louvre. Tous ... touristes veulent voir ... visage et ... sourire mystérieux de ... belle jeune femme du XVIe siècle. Ne manquez pas ... visite de ... salle où est exposée ... célèbre peinture !

DELF   **unité A4**

7 Complétez cette annonce avec le nom au féminin.

Nous recherchons un Américain ou une Améric... , un animateur ou une ..., un comédien ou une ..., un coiffeur ou une ..., un pâtissier ou une ... et un touriste chinois ou une ... pour animer les activités culturelles de notre centre pour les jeunes.

Répondre avant le 1er septembre.

8 Mettez au pluriel les mots soulignés dans le texte suivant.

Ex. Améliorer la méthode de travail → *Améliorer les méthodes de travail*

Un programme pour transformer l'école :
– donner à tous le moyen de réussir
– encourager le travail de groupe
– donner un cours d'informatique à l'élève
– acheter un ordinateur au professeur
– faire participer l'élève à un projet

4 LES ARTICLES

Les articles sont toujours placés devant le nom. Ce sont des déterminants.
Ils s'accordent avec le nom en genre et en nombre.

1 L'article défini

	Masculin	Féminin
Singulier	**le** train	**la** gare
Pluriel	**les** trains	**les** gares

REMARQUE
« le » et « la » + voyelle ou h muet :
l'avion / l'hôtesse de l'air

■ L'article défini s'emploie** :

▶ **devant un nom de personne ou de chose**

connue	**le** Premier ministre	**la** France
unique	**le** soleil	**la** terre
déterminée	**les** amis de Nicolas	**les** rues de Marseille

** Pour l'expression de l'habitude, voir le chapitre 24 sur le temps, p. 128.
Le Louvre est fermé le mardi.

ATTENTION à la liaison : les amis

▶ **devant un nom à valeur générale**

J'aime **le** jazz et **la** peinture moderne.
Je prends **le** métro chaque jour.
Vive **la** République !

■ L'article se contracte avec « à » et « de » :

à + le	→	**au**	Je vais **au** cinéma.
à + les	→	**aux**	Ils habitent **aux** États-Unis.
mais		**à la**	Je suis **à la** maison.
		à l'	Il va **à l'**hôtel.

de + le	→	**du**	C'est le chien **du** gardien.
de + les	→	**des**	Écoute le chant **des** oiseaux !
mais		**de la**	Où est la clé **de la** porte ?
		de l'	Regarde l'écran **de l'**ordinateur !

> Les noms de pays sont précédés de l'article défini (exceptions : Israël, Cuba,…).
> Ne dites pas :
> *J'ai visité Mexique et États-Unis.*
> Mais dites :
> *J'ai visité le Mexique et les États-Unis.*

METTRE EN PRATIQUE

1 Complétez par l'article défini.

1. … rose est une fleur.

2. … tournage de ce film a duré six mois.

3. … Japon est un pays d'Asie.

4. … pêche est un fruit.

5. En général, … enfants adorent les sucreries.

2 Faites les contractions nécessaires.

1. Il a mal (à les) dents.   → … dents.

2. C'est une tarte (à le) citron.   → … citron.

3. Le pharmacien (de le) village. → … village.

4. Les feuilles (de les) arbres.   → … arbres.

5. Les livres (de les) étudiants.   → … étudiants.

L'article indéfini

	Masculin	Féminin
Singulier	**un** jardin	**une** fleur
Pluriel	**des** jardins	**des** fleurs

ATTENTION à la liaison :
un͜ ami   des͜ amis

▶ **L'article indéfini s'emploie devant un nom de personne ou de chose indéterminées.**

Il y a **un** agent de police dans la rue.

M. Duval vient d'acheter **une** maison en Provence.

Isabelle porte **des** lunettes de soleil.

> Ne dites pas :
> *Marie porte la jupe longue.*
> Mais dites :
> *Marie porte **une** jupe longue.*

▶ **Quand un nom pluriel est précédé d'un adjectif, « des » devient « de » :**

Voilà **des** <u>tulipes jaunes</u>. Voilà **de** <u>belles tulipes jaunes</u>.

Ce sont **des** <u>amis</u>. Ce sont **de** <u>bons amis</u>.

À l'oral, cette règle n'est pas toujours respectée.

COMPAREZ

J'ai acheté **un** roman de Camus. J'aime **les** romans.
(je ne dis pas lequel)   (en général)

Voilà **des** photos : ce sont **les** photos de nos vacances.
(lesquelles ? on ne sait pas)   (elles sont déterminées)

METTRE EN PRATIQUE

3 Imitez le modèle.

Ex. C'est … sac. C'est … sac de Marie.
→ *C'est un sac. C'est le sac de Marie.*

1. C'est … porte-monnaie. C'est … porte-monnaie de Régis.

2. Ce sont … chaussures de tennis. Ce sont … chaussures de Simon.

3. C'est … écharpe. C'est … écharpe de Sylvie.

4 Complétez par l'article défini ou indéfini.

1. J'ai fait … rêve merveilleux. … rêve que j'ai fait était merveilleux.

   … famille de ma belle-sœur est très sympathique. Ma belle-sœur a … famille très sympathique.

   Camille a … lave-vaisselle très silencieux. … lave-vaisselle de Camille est très silencieux.

2. Vous êtes … directeur de l'hôtel Parisiana ? Est-ce que vous avez … chambre ? Oui, … chambre 25 est libre. Elle a … grand balcon qui donne sur … jardin de … hôtel.

3. Agathe est une adolescente à la mode : elle a … cheveux très blonds et très courts, comme … garçon. Elle porte toujours … tee-shirt noir, … veste noire aussi, … jean et … chaussures de tennis. Elle aime … musique techno, elle déteste … sport.

3 L'article partitif

Masculin	Féminin
du pain	de la bière

Il exprime une quantité indéterminée qu'on ne peut pas compter.

Il est souvent employé devant :

▶ **des noms de nourriture**

Au petit déjeuner, je prends **du** thé, **du** pain avec **du** beurre et **de la** confiture.

▶ **des noms concernant la météo**

Pour demain, on annonce **du** soleil le matin mais **de la** pluie le soir.

▶ **les noms abstraits**

Clément est un garçon formidable! il a **du** courage, **de la** patience, **de** l'humour !

REMARQUE
« du » et « de la » + voyelle ou + h muet :
de l'eau / de l'huile

REMARQUE
« faire » + l'article partitif s'emploie pour désigner des activités diverses :
Je fais du vélo.
Mon fils aime faire des maths.

COMPAREZ

J'adore **le** chocolat !
(en général)

Je mange **du** chocolat
(un morceau de chocolat)

La neige tombe.

Il y a **de la** neige partout.

Quand il y a un adjectif, on emploie un article indéfini à la place de l'article partitif.

J'ai mangé **du** fromage.
un excellent fromage.

Il y a **du** soleil.
un beau soleil.

Ma mère a fait **de la** confiture.
une très bonne confiture.

Élise a acheté **de la** crème pour le visage.
une crème hydratante.

REMARQUE
On trouve l'article partitif, après des verbes comme acheter, manger, boire, prendre, vouloir, mettre, …
J'achète de la peinture.
Il boit de la bière.
Elle met du temps à venir.

COMPAREZ

L'emploi des trois articles

Les Français aiment beaucoup **le** pain. (en général)

Je mange **du** pain à tous les repas. (quantité indéterminée)

Ce boulanger fait **un** pain délicieux. (adjectif)

PARLONS !

Dans la famille Barrot, qu'est-ce qu'on fait comme sport ?

Olivier fait du tennis, Elisa fait de la gymnastique, Romain fait du rugby. Mais les parents détestent le sport. Ils font de la musique : le père fait du piano, la mère de la flûte.

L'article après une négation

▶ **Les articles indéfini et partitif sont remplacés par « de » après les négations ne ... pas / ne ... jamais / ne ... plus.**

Nous avons <u>un</u> enfant. → Nous n'avons **pas** d'enfant.

Il y a <u>du</u> soleil. → Il n'y a **pas de** soleil.

Il y a encore <u>de</u> l'espoir. → Il n'y a **plus** d'espoir.

Lucie a <u>une</u> moto. → Lucie n'a **pas de** moto.

Robert porte <u>des</u> lunettes. → Robert ne porte **pas de** lunettes.

Je bois quelquefois <u>de la</u> bière. → Je ne bois **jamais de** bière.

▶ **Les articles indéfinis et partitifs ne changent pas après « c'est » et « ce n'est pas ».**

C'est <u>du</u> coton. → Ce n'est **pas du** coton.

C'est <u>un</u> vrai diamant. → Ce n'est **pas un** vrai diamant.

Ce sont <u>des</u> fleurs sauvages. → Ce ne sont **pas des** fleurs sauvages.

▶ **L'article défini ne change pas après une négation.**

> **COMPAREZ**

     J'aime <u>le</u> vin. → Je n'aime **pas le** vin.

mais Je bois <u>du</u> vin. → Je ne bois **pas de** vin.

     Nous aimons <u>la</u> bière. → Nous n'aimons **pas la** bière.

mais Nous buvons <u>de la</u> bière. → Nous ne buvons **pas de** bière.

     Je déteste <u>les</u> films policiers. → Je ne déteste **pas les** films policiers.

mais Je vais voir <u>des</u> films policiers. → Je ne vois **jamais de** films policiers.

METTRE EN PRATIQUE

5 Complétez par un article indéfini, un article partitif ou par « de ».

Pour Laurent, tout va bien ; il a ... chance : il a ... argent, ... maison avec ... jardin et ... garage, ... voiture. Il a ... amis, il fait ... sport et ... musique.

Mais pour Éric, tout va mal ; il n'a pas ... chance : il n'a pas ... argent, pas ... maison, pas ... jardin, pas ... voiture, pas ... garage. Il n'a pas ... amis. Il ne fait pas ... sport et il ne fait pas ... musique.

5 Omission de l'article

▷ **Il n'y a pas d'article après la préposition « de » dans des expressions de quantité :**

beaucoup
plus
autant
moins — **de, d'**
un peu
trop
assez

un kilo
une tasse
un paquet
un morceau — **de, d'**
une bouteille
une boîte
une tranche

Beaucoup de touristes visitent les châteaux de la Loire.

Prête-moi **un peu d'**argent !

Donnez-moi **un kilo de** fraises, s'il vous plaît !

J'ai acheté **trois bouteilles de** vin.

▷ **Il n'y a pas d'article quand le 2ᵉ nom d'un groupe nominal précise le sens du premier :**

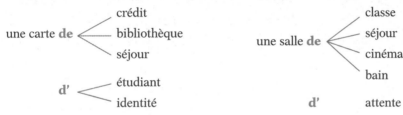

une carte **de** ⟨ crédit / bibliothèque / séjour

une salle **de** ⟨ classe / séjour / cinéma / bain

d' ⟨ étudiant / identité

d' attente

COMPAREZ

Nous avons acheté **une table de cuisine**.
(un certain type de table)

Pose le pain et la viande sur <u>la table de la cuisine</u>.
(la table de notre cuisine)

J'ai besoin d'**une photo d'identité** pour mon passeport.
(un type de photo)

Regarde ! C'est <u>une photo de la petite Émilie</u>.
(une photo particulière)

METTRE EN PRATIQUE

6 Imitez le modèle.

a. Du sel (un peu)
→ *Un peu de sel*

b. Un album avec des photos
→ *Un album de photos*

1. des touristes (beaucoup) → beaucoup …
2. du travail (trop) → trop …
3. de l'eau (assez) → assez …
4. de la confiture (plus) → plus …

1. un ballon pour le football → …
2. un bouquet avec des tulipes → …
3. des chaussures pour le sport → …
4. une agence pour les voyages → …

7 Complétez les phrases par l'article indéfini ou partitif.

Au supermarché, j'ai acheté … pommes de terre, … salade, … melon, … viande et … fromage. J'ai aussi acheté … paquet de café, … moutarde, … jus de fruits et … bouteille de vin.

8 Complétez par un article quand c'est nécessaire.

1. Chloé est à … aéroport Charles de Gaulle. Il y a beaucoup de … monde parce que ce sont … vacances de Noël. … gens vont et viennent dans … hall. Ils achètent … souvenirs, … parfums, … journaux. Chloé regarde … avions. … jeune fille lui dit bonjour. Chloé la regarde. C'est Lucie, … camarade d'école. Elle va … Mexique comme Chloé. Elles vont faire … voyage ensemble.

2. Dans ce restaurant, … plats sont bons, mais … vin est cher. Aujourd'hui, je vais prendre … plat du jour mais je ne boirai pas … vin. Je vais demander … bouteille d'eau minérale. Je n'aime pas beaucoup … desserts, je préfère … fruits. Pour finir, je prendrai … café.

9 Visite du parc de la Vanoise dans les Alpes. Barrez l'article incorrect.

Si vous aimez de la / la nature, allez à / au parc de la Vanoise. Vous y verrez beaucoup des / d' animaux en liberté. Avec de la / la patience, vous les observerez en train de manger de / de l' herbe ou courir sur de la / la neige. Vous pourrez aussi admirer des / les fleurs de / de la région. Elles ont des / les couleurs magnifiques. Si vous avez la / de la chance, vous apercevrez le / un aigle qui vole majestueusement dans un / le ciel. Bien sûr, il n'y a pas des / de voitures, pas de / des campeurs. C'est une / la visite pour les / des amoureux de la nature !

DELF   unité A1

10 Complétez cette présentation avec les articles qui conviennent : « le, la, l', les, un, une, des, du, … ».

Alfred Hitchcock

C'est … nom d'… grand cinéaste américain d'origine anglaise. Il a fait … films qui ont toujours … succès aujourd'hui. C'est … spécialiste … film policier à suspens. Si vous avez … ordinateur, vous pouvez regarder ses films … plus connus sur … site Internet d'Alfred Hitchcock.
Hollywood fêtera … 13 août … anniversaire … centenaire de sa naissance.

11 Partez en Grèce.

Plage, mer, soleil …   *Hôtels confortables, restaurants bon marché*
Sports : natation, ski nautique   *Excursions : monuments*
Atmosphère animée, gens accueillants

Après avoir lu cette publicité, vous passez vos vacances en Grèce. Vous écrivez une carte postale à votre amie Anne. Utilisez tous les éléments de la publicité.

Chère Anne
Je passe des vacances formidables en Grèce. Il y a la plage, …

…

LES POSSESSIFS

Les adjectifs et les pronoms possessifs servent à exprimer une relation d'appartenance entre deux personnes ou entre une personne et une chose.

1 Les adjectifs possessifs

L'adjectif possessif est toujours placé devant le nom : c'est un déterminant.
Il s'accorde en genre et en nombre avec ce nom : il est masculin ou féminin, singulier ou pluriel.
Il change de forme selon la personne du possesseur : 1re, 2e ou 3e.

Un possesseur

Possesseur	Singulier		Pluriel	
	masculin	féminin	masculin	féminin
je	**mon** père	**ma** voiture	**mes** parents	**mes** chaussures
tu	**ton** père	**ta** voiture	**tes** parents	**tes** chaussures
il / elle	**son** père	**sa** voiture	**ses** parents	**ses** chaussures

Où as-tu acheté **tes** lunettes de soleil ? Elles sont très jolies !

J'ai un frère et une sœur ; **mon** frère est étudiant en médecine et **ma** sœur est encore au lycée.

Attention : **ma** ⟩
ta ⟩ + voyelle ou h muet → **mon** école
sa ⟩ → **ton** histoire
→ **son** amie

ATTENTION à la liaison :
Mon ami   nos enfants

1) Ne dites pas :
   le livre de moi
   Mais dites :
   mon livre

2) Ne dites pas :
   la sœur de François, son sœur
   Mais dites :
   sa sœur

Bouzy-les-Vignes
son église romane
ses caves
sa fête des vendanges

Plusieurs possesseurs

Possesseurs	Singulier		Pluriel	
	masculin	féminin	masculin	féminin
nous	**notre** professeur	**notre** maison	**nos** vêtements	**nos** amies
vous	**votre** professeur	**votre** maison	**vos** vêtements	**vos** amies
ils / elles	**leur** professeur	**leur** maison	**leurs** vêtements	**leurs** amies

Paul et moi, nous aimons bien jardiner ; **notre** jardin est plein de fleurs.

Les Dupont ne sont pas partis en vacances parce que **leur** petit garçon est malade.

Attention à la 3ᵉ personne

► **Un possesseur → son, sa, ses**

C'est le père <u>d'Olivier.</u>	→ C'est **son** père.
C'est le père <u>de Sophie.</u>	→ C'est **son** père.
C'est la mère <u>d'Olivier.</u>	→ C'est **sa** mère.
C'est la mère <u>de Sophie.</u>	→ C'est **sa** mère.
Ce sont les parents <u>d'Olivier.</u>	→ Ce sont **ses** parents.
Ce sont les parents <u>de Sophie.</u>	→ Ce sont **ses** parents.

► **Plusieurs possesseurs → leur, leurs**

C'est la tante <u>d'Olivier et de Sophie.</u>	→ C'est **leur** tante.
Ce sont les cousins <u>d'Olivier et de Sophie.</u>	→ Ce sont **leurs** cousins.

> Ne dites pas :
> *Les enfants jouent avec ~~ses~~ amis.*
> Mais dites :
> *Les enfants jouent avec **leurs** amis*

Cas particulier

L'adjectif possessif est remplacé par l'article défini devant les noms de parties du corps.

Juliette a **les** yeux bleus et **les** cheveux noirs.

Marc a mal à **la** tête.

Jean s'est cassé **le** bras.

> Ne dites pas :
> *Il tourne ~~sa~~ tête.*
> *Il a cassé ~~son~~ bras.*
> Mais dites :
> *Il tourne **la** tête.*
> *Il s'est cassé **le** bras.*

METTRE EN PRATIQUE

1 Complétez par des adjectifs possessifs.

1. J'ai laissé … parapluie et … gants dans … voiture.
2. Allô Martin ! Tu as oublié chez moi … cigarettes et … briquet.
3. Voici la petite Juliette. … père est italien, … mère est française.
4. Nous partons toujours en vacances avec … chien et … deux chats !
5. Monsieur, montrez-moi … passeport et ouvrez … valises.
6. Pour les vacances, ils emportent … bicyclettes sur le toit de … voiture.

2

Les pronoms possessifs

Le pronom possessif remplace le groupe « adjectif possessif + nom ». Il évite la répétition d'un nom et est toujours employé avec l'article défini.

À qui est ce stylo ? C'est **le mien**.
(= c'est <u>mon</u> stylo)

Possesseur(s)	Singulier		Pluriel	
	masculin	féminin	masculin	féminin
je	le mien	la mienne	les miens	les miennes
tu	le tien	la tienne	les tiens	les tiennes
il / elle	le sien	la sienne	les siens	les siennes
nous	le nôtre	la nôtre	les nôtres	les nôtres
vous	le vôtre	la vôtre	les vôtres	les vôtres
ils / elles	le leur	la leur	les leurs	les leurs

<u>mon</u> vélo → **le mien**

<u>ma</u> bicyclette → **la mienne**

<u>mes</u> parents → **les miens**

<u>mes</u> chaussures → **les miennes**

<u>ton</u> vélo → **le tien**

<u>ta</u> bicyclette → **la tienne**

<u>tes</u> parents → **les tiens**

<u>tes</u> chaussures → **les tiennes**

<u>son</u> vélo → **le sien**

<u>sa</u> bicyclette → **la sienne**

<u>ses</u> parents → **les siens**

<u>ses</u> chaussures → **les siennes**

<u>notre</u> appartement → **le nôtre**

<u>notre</u> maison → **la nôtre**

<u>nos</u> amis → **les nôtres**

<u>nos</u> amies → **les nôtres**

<u>votre</u> appartement → **le vôtre**

<u>votre</u> maison → **la vôtre**

<u>vos</u> amis → **les vôtres**

<u>vos</u> amies → **les vôtres**

<u>leur</u> appartement → **le leur**

<u>leur</u> maison → **la leur**

<u>leurs</u> amis → **les leurs**

<u>leurs</u> amies → **les leurs**

ATTENTION à la prononciation :

<u>notre</u>	→ o ouvert [ɔ]
<u>notre</u>	→ o ouvert [ɔ]
le n<u>ô</u>tre	→ o fermé [o]
le v<u>ô</u>tre	→ o fermé [o]

Ce n'est pas la veste de Marie, c'est **la mienne**.

Ces balles de tennis, elles sont à vous? Non, ce ne sont pas **les nôtres**.

Éléonore a un petit chat gris. Ses cousins ont aussi un chat mais **le leur** est tout noir.

METTRE EN PRATIQUE

2 Imitez le modèle.

Ex. C'est mon appareil photo. → *C'est le mien.*

1. Ce sont mes lunettes.　　**3.** C'est son école.　　**5.** C'est notre chien.　　**7.** C'est leur studio.

2. C'est ta sœur.　　**4.** Ce sont ses livres.　　**6.** C'est votre voiture.　　**8.** Ce sont leurs enfants.

3 Comment exprimer la possession

On peut employer :

▶ **les possessifs**

Ce sont **mes** disques. Ce sont **les miens**.

Ne dites pas :
Ce livre, c'est celui de moi.
Mais dites :
*Ce livre, c'est **mon** livre, c'est **le mien**.*

▶ **l'expression « être » à quelqu'un**

Ces disques **sont à** <u>moi</u>.

Est-ce que ce blouson **est à** <u>Étienne</u> ? Non, il n'**est** pas **à** <u>lui</u>, il **est à** <u>Christian</u>.

▶ **le pronom démonstratif : « celui de » + nom**••

À qui est ce parapluie ? C'est **celui d'**<u>Annie</u>.

Ces gants sont à toi ? Non, ce sont **ceux de** <u>Véronique</u>.

•• Celui / celle
Ceux / celles
Voir le chapitre 16 sur les démonstratifs, p. 81.

▶ **le verbe « appartenir » à quelqu'un = être la propriété de**

Ce château **appartient à** <u>un acteur</u> très connu.

À qui appartient ce tableau de Matisse ? **À** <u>un collectionneur privé</u>.

PARLONS !

Une femme à sa toilette
Elle se brosse les cheveux.
Elle se lave les dents.
Elle se nettoie le visage.
Elle se maquille les yeux.

Message sur répondeur
« Bonjour ! Je ne suis pas là.
Laissez-moi votre nom et vos coordonnées.
Je vous rappellerai dès mon retour. »

METTRE EN PRATIQUE

3 **Imitez les modèles.**

a. À qui est ce stylo ? (moi)
→ *Il est à moi, c'est mon stylo, c'est le mien.*

1. À qui est cette moto ? (toi)

2. À qui sont ces rollers ? (vous)

3. À qui sont ces valises ? (nous)

b. À qui est cette maison ? (ma grand-mère)
→ *Elle est à ma grand-mère, c'est sa maison, c'est la sienne, c'est celle de ma grand-mère.*

1. À qui est ce sac de sport ? (Gérard)

2. À qui est cette jolie bague ? (Caroline)

3. À qui sont ces jouets ? (Camille et Madeleine)

4. À qui sont ces raquettes de tennis ? (les joueurs du court n°3)

4 Complétez par des adjectifs possessifs.

1. Cyrille a envoyé une carte postale à … ami Patrick.

– Cyrille a envoyé une carte postale à … amis Patrick et Julie.

2. Cyrille et Marie ont envoyé une carte postale à … ami Patrick.

– Cyrille et Marie ont envoyé une carte postale à … amis Patrick et Julie.

3. Jacques nous a parlé de … voyage au Sahara.

– Jacques nous a parlé de … voyages en Afrique.

4. Jacques et Sabine nous ont parlé de … voyage au Sahara.

– Jacques et Sabine nous ont parlé de … voyages en Afrique.

5 Complétez par des adjectifs ou des pronoms possessifs.

1. … copain Étienne et moi, nous faisons les mêmes études à Montpellier. Étienne habite chez … parents. Moi, j'ai loué un studio parce que … habitent à Paris. Étienne et moi, nous suivons tous … cours ensemble et le samedi, nous sortons avec … groupe d'amis.

2. Aujourd'hui, en France les voyageurs européens ne présentent plus … passeport. Mais dans les aéroports, on doit passer … bagages à main au contrôle de sécurité. Hier, à l'aéroport de Roissy, j'ai déposé … sac et derrière moi, une dame a déposé … . L'alarme a sonné : c'étaient … clés !

DELF   unité A2

6 Complétez la présentation de ces livres. Utilisez un adjectif possessif : « mon, ton, son, …».

Le livre des cuisines parfumées : achetez ce livre pour améliorer … recettes de cuisine et … manière de parfumer les plats.

Saveurs du midi : dix grands chefs cuisiniers du sud de la France vous donnent … conseils pour réussir … plats préférés.

Noir Désir : ce groupe rock vous raconte … histoire et … voyages.

Images : un photographe vous parle de … vedettes préférées : Catherine Deneuve, Mick Jagger … . Découvrez … photos et l'histoire de … vie.

Une maison de charme : nous vous donnons … meilleures idées pour transformer … maison !

Les adjectifs et les pronoms démonstratifs servent à désigner une personne ou une chose.

1 Les adjectifs démonstratifs

L'adjectif démonstratif est toujours placé devant le nom : c'est un déterminant.

	Masculin	Féminin
Singulier	**ce** stylo Ce + voyelle / h muet → **cet** Cet ordinateur, cet homme	**cette** fleur
Pluriel	**ces** stylos	**ces** fleurs

ATTENTION
à la liaison au singulier :
cet ordinateur   cet homme
à la liaison au pluriel :
ces ordinateurs   ces hommes

Les adjectifs démonstratifs sont employés pour :

▶ **montrer**

Je voudrais écouter **ce** disque, s'il te plait !

Cet arbre a été planté il y a plus de 200 ans.

REMARQUE
Pour insister ou différencier, on ajoute « -là » :
1. *J'adore cette chanteuse-là. Quelle belle voix elle a !*
2. *Prenez ce dictionnaire-là, il est très complet. Il est plus complet que l'autre.*

▶ **reprendre un mot qu'on vient de dire**

Tu connais la chanson d'Édith Piaf « Je ne regrette rien » ?
– Oui bien sûr, je la connais, **cette** chanson !

▶ **préciser un moment proche**

Dans le présent : **Cette** semaine, on ne travaille pas jeudi parce que c'est le 1er mai.

Dans le futur :   J'irai en Bretagne **cet** été.

Dans le passé :   **Cet** hiver, il a fait très froid.

METTRE EN PRATIQUE

1 Trouvez l'adjectif démonstratif.

1. … vidéo-cassette est à Andréas.
2. … CD-Rom est à Maricke.
3. … fleurs sont des orchidées.
4. … animal est un tigre.

2 Mettez les mots soulignés au singulier.

1. Le professeur va répondre à ces questions.
2. Le technicien va réparer ces ascenseurs.
3. Je lis souvent ces journaux.
4. Les contrôles de sécurité sont très sévères dans ces aéroports.

2

Les pronoms démonstratifs

Le pronom démonstratif remplace le groupe « adjectif démonstratif + nom ». Il évite la répétition d'un nom ou d'un groupe nominal.

	Masculin	Féminin	Neutre
Singulier	celui	celle	cela
Pluriel	ceux	celles	ça

Pour éviter la répétition d'un nom

Les pronoms démonstratifs sont employés :

▶ **avec « -ci » ou « -là »**

Ils servent à distinguer deux noms.

Quel <u>rouge à lèvres</u> voulez-vous Madame ? **Celui-ci** ou **celui-là** ?

REMARQUE
Dans la langue courante on emploie « -là » plutôt que « -ci ».

Je voudrais des tomates.
*Est-ce que **celles-là** sont mûres ?*

▶ **avec la préposition « de » + nom**

On entend des cloches. Ce sont **celles** <u>de l'église</u> Saint-Pierre.

Il est mignon, ce chien ! À qui est-il ? C'est **celui** <u>du voisin</u>.

☞ ATTENTION ! ne dites pas :
C'est celui-là du voisin.

▶ **avec un pronom relatif**

La maison des Joly ? C'est **celle** <u>qui</u> est au coin de la rue.

Les croissants de cette boulangerie sont **ceux** <u>que</u> je préfère.

☞ ATTENTION ! ne dites pas :
Celle-là qui est …

Pour éviter la répétition d'un groupe de mots

▶ **« Cela » ou « ça »**

Le pronom neutre **« cela »** est plus souvent employé sous la forme : **« ça »**°°. Il reprend un groupe de mots qu'on vient de dire.

<u>Vous m'avez mal compris</u>, je n'ai pas voulu dire **cela** !

<u>Prendre mon petit déjeuner au lit</u>, j'adore **ça** !

Étienne <u>fait du judo</u> et **ça** lui plaît beaucoup.

Arrête de <u>faire du bruit</u> ! **Ça** m'énerve !

REMARQUE :
La forme neutre « ce » est employée avec :
1) le verbe être°°
 ***C'est** un bonbon à la menthe.*
2) dans l'interrogation indirecte°°
 *Il me demande **ce** que je fais.*

°° Voir les chapitres 1, p. 8, et 3, p. 22.

PARLONS !

À quoi ça sert ?

Des ciseaux, ça sert à couper.

Un crayon,   ça sert à écrire.

Des lunettes, ça sert à voir mieux.

Un arrosoir, ça sert à arroser les plantes.

Comment ça va ?

- *Salut Étienne, comment ça va ?*
- *Ça va, merci et toi ?*
- *Hum, ça va comme ci, comme ça. Je suis un peu fatigué.*

Ça y est !

- *Les enfants, vous êtes prêts ? On peut partir ?*
- *Oui, ça y est !*

Ça m'est égal !

- *Tu préfères aller au cinéma ou dîner au restaurant ?*
- *Comme tu veux, ça m'est égal !*

Dans un magasin

- *Tu as vu ces chaussures ? Elles sont très jolies.*
- *Oui, mais je préfère celles-là.*
- *Essaie donc les deux paires pour voir celles qui te vont le mieux.*

METTRE EN PRATIQUE

3 Complétez par « celui-ci / là , ceux-ci / là, celle-ci / là, celles-ci / là ».

1. Voulez-vous des cerises ? … sont à 2,30 € le kilo, … sont à 3 €.

2. Quelle veste voulez-vous essayer ? … ou … ?

3. Voici deux modèles de réfrigérateurs. … est un peu petit ; je vous conseille de prendre … .

4. J'ai pris des billets pour deux concerts. … sont pour dimanche, … sont pour mardi prochain.

4 Complétez par « celui / ceux, celle / celles ».

1. Quelles photos de notre voyage préfères-tu ? … d'Olivier ou … de Sophie ?

2. Thomas aime beaucoup les films de Lukas. … qu'il préfère, c'est «La Guerre des Étoiles ».

3. Les fromages de Normandie sont plus crémeux que … des Alpes.

4. Regarde ces filles ! … qui est assise à la table de droite, c'est une actrice.

5 Quels sont vos goûts ?

Travailler	ça m'intéresse !
Danser	ça me plaît !
Le sport	ça m'amuse !
La politique	j'aime bien ça !
Le bruit	ça me passionne !
Jouer aux cartes	ça m'ennuie !
Faire du camping	Je déteste ça !
La mode	ça ne sert à rien !
Faire mon lit	ça m'énerve !

6 Imitez le modèle.

Ex. J'aime bien le restaurant « Chez Martine ».
La cuisine de … est très bonne.
→ *La cuisine de ce restaurant est très bonne.*

1. J'ai vu un film hier soir à la télévision. … était très amusant.

2. Nous avons visité le Musée de la Poste. … était très intéressant.

3. Tu peux me prêter les disques qui sont sur la table ? Non, … ne sont pas à moi.

4. Je me suis fait soigner à l'hôpital Cochin ? … hôpital est très réputé.

7 Cochez la réponse correcte.

1. ☐ Le / ☐ Ce soir, on pourra voir à la télévision la remise des prix du festival de Cannes.

2. « Prenez une gélule ☐ le / ☐ ce matin et une autre ☐ le / ☐ ce soir pendant deux semaines » a dit le médecin.

3. Je n'ai pas dormi ☐ la / ☐ cette nuit ; j'avais beaucoup de fièvre.

4. ☐ Le / ☐ Cet après-midi après la pluie, il y a eu un magnifique arc-en-ciel.

5. ☐ L' / ☐ Cette année où Alain est né, on a fêté le bicentenaire de la Révolution française.

8 Complétez les phrases par un adjectif ou un pronom démonstratif.

1. Elle est superbe, … route de montagne ! Elle est plus belle que … qui passe dans la vallée.

2. Elles ne sont pas très bonnes, … glaces ! Je préfère … du glacier Goupillon.

3. Il est trop cher pour nous, … hôtel ! Allons plutôt dans … qui est près de la gare.

4. Ils sont très confortables, … fauteuils ! Ils sont beaucoup plus jolis que … des Galeries parisiennes.

DELF   unité A1

9 Construisez des phrases complètes avec ces débuts de phrase et les mots suivants en les associant selon l'exemple.

Ex. *Ils sont intéressants, ces livres ; alors, je voudrais ceux-ci / ceux-là.*

Elle est exposée au sud	livres
Il écrit bien	oiseau
Ils sont intéressants	fleurs
Il chante bien	gâteaux
Elle ne pèse pas lourd	stylo
Elles sont très fraîches	hôtel
Ils ne sont pas très gros	ordinateur
Il est puissant	chambre
Il n'est pas loin du centre-ville	valise

LES INDÉFINIS ET L'EXPRESSION DE LA QUANTITÉ

Les indéfinis sont des pronoms ou des déterminants (adjectifs placés devant le nom).
Ils désignent une personne ou une chose indéterminées.

1 Les pronoms indéfinis

■ On

« **On** » est toujours sujet d'un verbe à la 3ᵉ personne du singulier.

▶ **On = les gens, quelqu'un**

En France, **on** mange beaucoup de fromage.

On m'a dit que tu étais malade.

▶ **On = nous** (dans la langue courante)

Hier, **on** a dîné chez Elisa, **on** a bien ri !
    (= nous avons dîné)

■ Quelqu'un / Personne

▶ **Quelqu'un** (= une personne indéterminée ou inconnue)

Quelqu'un vous a téléphoné, mais il n'a pas laissé son nom.

Je vois David là-bas, il est en train de parler avec **quelqu'un**.

▶ **Ne... personne / Personne ne** (forme négative de « quelqu'un »)

Il est 2h du matin et il **n'**y a **personne** dans la rue.

Personne ne fume dans un hôpital.

J'ai entendu du bruit. Est-ce qu'il y a **quelqu'un** à la porte ?
Non, je **n'**ai vu **personne**.

> Ne dites pas :
> *Il n'y a ~~pas~~ personne.*
> Mais dites :
> *Il n'y a personne.*

▶ **Quelqu'un / Personne + de + adjectif masculin singulier**

C'est **quelqu'un de** sympathique.

Il n'y a **personne d'**intéressant à cette soirée.

■ Tout le monde (= tous les gens)

Le prince Édouard va se marier. **Tout le monde** parle de ce mariage.

« Est-ce que **tout le monde** a compris ? » a demandé le professeur.

> Ne dites pas
> *Tout le monde ~~sont~~ venus.*
> *J'ai voyagé dans ~~tout~~ le monde.*
> Mais dites :
> *Tout le monde est venu.*
> *J'ai voyagé dans le monde entier.*

■ Quelque chose / Rien

▶ **Quelque chose** (une chose ou une idée indéterminées)

« Quelque chose » n'est jamais au pluriel.

Tu as faim ? Mange donc **quelque chose** !

Madame, vous voulez dire **quelque chose** ?

▶ **Ne ... rien / Rien ne** (forme négative de quelque chose)

Tu parles trop vite ! Je **ne** comprends **rien**.

Est-ce qu'il reste **quelque chose** à boire dans le réfrigérateur ?
Non, il **n'**y a **rien**.

Remarquez la place de « rien » aux temps composés et devant un infinitif .

Il **n'**a **rien** compris. Il **ne** veut **rien** dire.

☞ ATTENTION ! ne dites pas :
Il n'a pas rien compris.

▶ **Quelque chose / Rien + de + adjectif masculin singulier**

Il nous a raconté **quelque chose** d'amusant.

Qu'est-ce que tu as fait dimanche ? **Rien de** spécial.

Qu'est-ce qu'on fait ce soir ?

- *On va au cinéma ?*
- ***Mais non, on va dans une discothèque.***
- *Tu es prêt ? Bon alors, on y va !*

Pub pour un club de vacances

Il y a des tas de choses à faire pour tout le monde et plein de copains à rencontrer !

METTRE EN PRATIQUE

1 Répondez aux questions en employant « ne ... rien ».

Ex. Est-ce que tu veux quelque chose pour ton anniversaire ?
→ *Non, je ne veux rien.*

1. Est-ce que tu prends quelque chose comme dessert ?

– Est-ce que tu as pris quelque chose comme dessert ?

2. Est-ce que tu manges quelque chose le matin ?

– Est-ce que tu as mangé quelque chose ce matin ?

2 Répondez aux questions en employant « ne ... personne ».

1. Est-ce qu'il y a quelqu'un dans le bureau du directeur ?

2. Est-ce que le directeur a reçu quelqu'un ce matin ?

3. Est-ce que vous connaissez quelqu'un dans cette ville ?

4. Est-ce que quelqu'un a téléphoné ?

2 Pronoms et adjectifs indéfinis

◼ Tout (adjectif)

▶ Tout + déterminant + nom

Il exprime une idée de totalité. Il est placé devant un autre déterminant :

ATTENTION
On ne prononce pas le « s » final de « tous » adjectif [tu].

Vous recommencerez **tout** cet exercice.

Je n'ai pas eu le temps de visiter **toute** la ville.

Tous les chats aiment le lait.

Toutes les filles de ma classe sont folles de ce chanteur.

◼ Tous / Toutes / Tout (pronoms)

▶ Tous, Toutes

Au pluriel, ce pronom renforce un nom ou un pronom. Il est généralement placé après le verbe.

<u>Les magasins</u> de cette rue sont **tous** ouverts le dimanche matin.

Nos voisins ont sept <u>enfants</u> qui sont **tous** très sportifs.

Les amies de ma fille, je ne <u>les</u> connais pas **toutes.**

ATTENTION
On prononce le « s » final de « tous » pronom [tʊs].

▶ Tout

Au singulier, c'est un pronom neutre (= « toutes les choses »).

J'ai pris ma raquette de tennis, mes balles et mes chaussures et je mets **tout** dans un grand sac.

Tout va bien ! Ne t'inquiète pas.

Il n'y a plus de gâteau, on a **tout** mangé.

Remarquez la place de « tout » aux temps composés et devant un infinitif.

J'ai **tout** fini.

Dans ce magasin, on a envie de **tout** acheter !

Ne dites pas :
Je mets tous dans mon sac.
Mais dites :
*Je mets **tout** dans mon sac*

Ne dites pas :
J'ai compris tout.
Mais dites :
*J'ai **tout** compris.*

◼ Tout (adverbe) + adjectif

▶ Tout(e) (= entièrement, complètement)

Il fait beau, le ciel est **tout** <u>bleu</u>.

La petite fille joue **toute** <u>seule</u> dans sa chambre.

▶ Tout (= très)

Mon appartement est **tout** <u>petit</u>.

Tenez ! Voilà des croissants **tout** <u>chauds</u> pour le petit déjeuner !

REMARQUE
« Tout » est invariable, mais devant un adjectif féminin : il devient « toute / toutes ».

*J'ai une **toute** petite chambre.*
*Tu as les mains **toutes** sales.*

Chaque (adjectif)

Chaque (+ un nom singulier) insiste sur l'individualité.

Chaque <u>classe</u> est décorée avec des affiches différentes.

Il insiste aussi sur l'habitude.

La famille Legrand va à l'église **chaque** <u>dimanche</u>.

Chacun / Chacune (pronom)

Chacun remplace « **chaque** » + nom.

Les enfants partent en promenade. **Chacun** doit apporter son pique-nique.

J'ai trois filles. **Chacune** joue d'un instrument de musique différent.

☞ ATTENTION ! n'écrivez pas : ~~chaqu'un~~ mais **chacun.**

Autre(s) (adjectif ou pronom)

▶ **Un(e) autre + nom / D'autres + nom** (= adjectif)

Pierre n'est pas là aujourd'hui. Je lui téléphonerai **un autre** <u>jour</u>.

Cette robe ne vous plaît pas ? Nous avons **d'autres** <u>modèles</u> à vous présenter.

☞ ATTENTION ! ne dites pas : *Nous avons ~~des autres~~ modèles.*

« Un(e) autre, d'autres » s'emploient souvent avec « en ».

Ces chocolats sont délicieux, j'**en** voudrais bien **un autre**.

Il y a des touristes qui prennent beaucoup de photos, il y **en** a **d'autres** qui préfèrent acheter des cartes postales.

▶ **L'un(e) ... l'autre / Les un(e)s ... les autres** (= pronom)

J'ai deux frères : **l'un** habite à Nice, **l'autre** habite à Londres.

Dans le stade il y a deux équipes de joueurs de basket ; **les uns** ont un tee-shirt bleu, **les autres** un tee-shirt jaune.

Ne dites pas :
à ~~les~~ autres / de ~~les~~ autres
Mais dites :
aux autres / **des** autres.

*La terre ne ressemble pas **aux** autres planètes. Elle est différente **des** autres.*

METTRE EN PRATIQUE

3 Complétez les phrases par « tout, toute, tous, toutes ».

1. Les enfants vont en classe ... les jours.

2. Hier, il a fait beau ... la journée.

3. L'enfant apprend à parler et il répète ... .

4. ... les élèves ont un dictionnaire.

5. Nous avons visité ... les expositions de la ville.

6. La fête peut commencer. ... est prêt !

4 Imitez le modèle.

Ex. Il fait tout dans la maison. → *Il sait tout faire.*

1. Le bébé touche tout. Il veut ... .

2. Je raconterai tout à ma sœur. Je vais ... .

3. Vous payez tout avec votre carte de crédit. Vous pouvez ... .

5 Mettez les mots soulignés au pluriel.

Ex. Nous avons visité un autre musée.
→ *Nous avons visité d'autres musées.*

1. Je cherche <u>une autre solution</u> à ce problème.

2. Madame Albert a <u>un autre rendez-vous</u> cet après-midi.

3. Je ne connais pas <u>l'autre enfant</u> de Madame Germain.

4. Adressez-vous à <u>l'autre employé</u> du magasin !

5. Donne-moi l'adresse de <u>l'autre restaurant</u> alsacien !

L'expression de la quantité

Pour exprimer une quantité, on peut employer :

▶ **plusieurs** + nom pluriel
quelques + nom pluriel
ne... aucun(e) + nom singulier

Il y a **plusieurs** cafés dans cette avenue.
(plus de deux)

J'ai invité **quelques** amis à dîner ce soir.
(un petit nombre)

La nuit, tout est calme. On **n**'entend **aucun** bruit.
(pas un seul bruit)

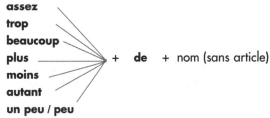

▶ **assez**
trop
beaucoup
plus + **de** + nom (sans article)
moins
autant
un peu / peu

Il y a **beaucoup** de vent aujourd'hui.

Julien a travaillé cet été ; il a **assez d'**argent pour s'acheter une moto.

Je ne peux pas sortir ce soir, j'ai **trop de** travail.

Le poirier de notre jardin a donné **autant de** fruits que l'année dernière.

Toutes ces expressions de quantité sont très souvent employées avec **« en »**.

Est-ce qu'il y a des pharmacies dans ce quartier ? Oui, il y **en** a **plusieurs**.

J'ai beaucoup de cousins à Paris, j'**en** ai aussi **quelques-uns** en province.

Combien y a-t-il d'étudiant(e)s chinois(e)s dans la classe ? Il n'y **en** a **aucun(e)**.

PARLONS !

Une marguerite qu'on effeuille :
Je t'aime un peu, beaucoup,
passionnément, à la folie,
pas du tout.

Au restaurant :
Aujourd'hui le plat du jour, c'est du poulet avec des frites !
Oh, vous n'auriez pas autre chose comme légumes ?

Ne dites pas
Il y a plusieurs des livres sur la table.
Mais dites :
*Il y a **plusieurs** livres sur la table.*

Ne dites pas
assez
beaucoup → *de l'eau*
un peu
Mais dites :
assez
beaucoup → *d'eau*
un peu

ATTENTION à la différence entre « un peu » et « peu » :
– *Peux-tu me prêter **un peu d'**argent ?*
= une petite quantité (idée positive)

– *Il a **peu d'**argent.*
= il n'a pas beaucoup d'argent (idée négative)

Avec « en », on doit employer quelques-uns, **quelques-unes :**
As-tu des photos de ta famille ?
Ne dites pas :
Oui, j'en ai quelques.
Mais dites :
*Oui, j'en ai **quelques-unes**.*

6 Mettez les phrases au passé composé.

1. Je range tout dans ce placard.
2. Nous apporterons tout pour le pique-nique.
3. Je vois tout.
4. Elle lave tout.

7 Répondez aux questions.

Ex. Est-ce que tous ces fruits sont mûrs ? → *Oui, ils sont tous mûrs.*

1. Est-ce que tous les enfants viendront avec nous ?
2. Est-ce que toutes ces roses sont pour moi ?
3. Est-ce que tous vos amis sont étudiants ?
4. Est-ce que toutes les lampes sont éteintes ?

8 Répondez aux questions en employant le pronom « en ».

Ex. Y a-t-il des piscines dans cette ville ? (plusieurs) → *Oui, il y en a plusieurs.*

1. En voyage, est-ce que vous achetez des souvenirs ? (quelques-uns)
2. Tu as trouvé de vieilles cartes postales au Marché aux Puces ? (ne … aucune)
3. Est-ce que tu as visité des châteaux de la Loire ? (plusieurs)
4. Voulez-vous de la salade ? (un peu)
5. Est-ce que tu as déjà lu des fables de La Fontaine ? (quelques-unes)
6. Est-ce qu'il y a eu de la neige cet hiver ? (beaucoup)

9 Complétez les phrases par « on, personne ne, aucun, tout, tous, rien, plusieurs, quelqu'un ».

1. Je suis allé au zoo … fois avec les enfants. Ils ont été déçus parce qu'il n'y avait … crocodile.
2. En Asie, … mange beaucoup de riz.
3. Un horloger, c'est … qui répare les montres.
4. Dans l'avion, l'hôtesse de l'air offre un repas à … les passagers.
5. La salle est vide. Il n'y a … . Qu'est-ce qui se passe ?
6. Il faut que je fasse des courses. Il n'y a … dans le réfrigérateur.
7. Qu'est-ce que vous prenez, Madame ? Le pantalon, la veste ou le chemisier ? Oh, je prends … .

DELF | **unité A2**

10 Voici les questions que votre ami vous pose sur votre nouvelle vie à New York, dans sa dernière lettre.

1. Est ce que tu as visité des chambres ? (plusieurs)
2. Tu as des amis ? (quelques-uns)
3. Tu reçois beaucoup de lettres ? (aucune)
4. Est-ce qu'il y a des Français à l'université ? (beaucoup)
5. Tu as assez d'argent pour vivre ? (non, pas assez)
6. Il y a beaucoup d'étrangers à l'hôtel ? (quelques-uns)

Répondez précisément à ces questions à l'aide du mot entre parenthèses.

1. Oui, j'en ai visité plusieurs.

…

L'adjectif qualificatif sert à décrire une personne ou une chose.
Il s'accorde avec le nom.

1   Formation du féminin

On ajoute un « e » à l'adjectif masculin, mais la prononciation et la terminaison peuvent changer .

■ **La prononciation ne change pas.**

un joli pantalon	→ une jolie jupe
un homme marié	→ une femme mariée
un tribunal international	→ la politique internationale

Les adjectifs terminés par **« el »** doublent la consonne finale.

naturel → naturelle   traditionnel → traditionnelle

> **REMARQUE**
> Les adjectifs terminés par « e » au masculin ne changent pas :
> – une rue calme
>   un endroit calme
> – une bière belge
>   un chocolat belge

> **REMARQUE**
> gentil → gentille
> un garçon gentil
> une fille gentille

■ **La prononciation change.**

▶ **Quand l'adjectif se termine par « t » ou « d » :** on entend la consonne finale.
un petit chien   → une petite chienne   un garçon blond   → une fille blonde

▶ **Quand l'adjectif se termine par « n » :**
Certains doublent la consonne.

-en	ancien → ancienne	coréen → coréenne	
-on	bon → bonne		

Certains ne doublent pas la consonne.

-ain	prochain	→ prochaine
-ein	plein	→ pleine
-in	fin	→ fine
-un	brun	→ brune

▶ **Quand l'adjectif se termine par « er » et « ier »**
léger   → légère   premier   → première

> **ATTENTION**
> 1) Au masculin, ne prononcez pas le « r » final :
> léger [e]
> 2) Au féminin, notez l'accent grave :
> légère [ɛr]

▶ **Quand l'adjectif se termine par « eux » :** la terminaison change.
heureux   → heureuse   nombreux → nombreuse

▶ **Quand l'adjectif se termine par « et » :** on ajoute un accent grave.
complet   → complète   inquiet   → inquiète

▶ **Quand l'adjectif se termine par « f » :** la terminaison change.
sportif   → sportive   neuf   → neuve

> **REMARQUE**
> Notez les exceptions :
> coquet → coquette
> muet → muette

Quelques adjectifs courants ont un féminin irrégulier :

nouveau	→ nouvelle	vieux	→ vieille	beau	→ belle	long	→ longue
gros	→ grosse	bas	→ basse	épais	→ épaisse	grec	→ grecque
doux	→ douce	roux	→ rousse	faux	→ fausse	turc	→ turque
sec	→ sèche	blanc	→ blanche	frais	→ fraîche	fou	→ folle

2 Formation du pluriel

Pour former le pluriel, on ajoute un « **s** » à l'adjectif masculin et féminin.

Ce « s » n'est pas prononcé.

un fruit mûr → des fruits mûrs

une question importante → des questions importantes

Les adjectifs masculins terminés par « s » ou « x » ne changent pas.

un tapis épais → des tapis épais

un enfant heureux → des enfants heureux

Certains adjectifs ont un pluriel irrégulier.

▶ **Adjectifs terminés par « eau » :**

ce beau tableau → ces beaux tableaux

mon nouveau professeur → mes nouveaux professeurs

▶ **Adjectifs terminés par « al » :**

un problème général → des problèmes généraux

un drapeau national → des drapeaux nationaux

METTRE EN PRATIQUE

1 Complétez par l'adjectif féminin.

Un joli bouquet → une … fleur
Un grand parc → une … place
Un théâtre national → une fête …
Un mois entier → une année …
Un film ennuyeux → une histoire …
Un lac artificiel → une fleur …
Un mur blanc → une maison …
Un enfant gentil → une petite fille …

2 Mettez au pluriel.

le gros coussin
un livre épais
une jupe longue
un problème général
un mot négatif
un homme heureux
le beau tapis
une température douce

Place de l'adjectif

La plupart des adjectifs sont placés après le nom :

Le Monopoly est <u>un jeu</u> **amusant** et **facile**.

Adjectifs toujours placés après le nom

▶ **Les adjectifs exprimant :**

la nationalité :	un étudiant **espagnol**
la forme :	une table **ronde**
la couleur :	une chemise **blanche**

▶ **Les participes employés comme adjectifs :**   un acteur **connu**

un livre **intéressant**

Adjectifs toujours placés devant le nom

▶ **Certains adjectifs très courants :**

beau, joli, jeune, vieux, grand, gros, petit, bon, mauvais, nouveau

une rose rouge   →   une **belle** rose rouge

un sac noir   →   un **petit** sac noir

Quel **mauvais** temps !

▶ **Devant un nom masculin singulier commençant par une voyelle ou un « h » muet : les adjectifs « vieux », « beau » et « nouveau » ont une forme irrégulière.**

Un **vieil** homme

Un **bel** arbre

Un **nouvel** immeuble

Notez que le pluriel est régulier :

De **nouveaux** immeubles**

De **beaux** arbres

> **ATTENTION**
>
> *une grosse pomme* → *de* <u>*grosses*</u> *pommes*
> ** Voir le chapitre 14 sur les articles, p. 70.

METTRE EN PRATIQUE

3 Mettez les mots dans l'ordre.

Ex. Surgelés / des / légumes → *des légumes surgelés*

1. rouge / une / veste

2. vieux / un / ami

3. sales / des / mains

4. hongroise / une / jeune fille

5. agréable / un / jardin

6. belle / une / femme

7. fatigant / un / travail

8. nouveau / un / aéroport

9. interrogative / une / phrase

10. noires / des / chaussures

4 Imitez le modèle.

Ex. France : Il est … . Elle est … . → *Il est français. Elle est française.*

Mexique : Il est … . Elle est … .   Brésil : Il est … . Elle est … .
Chine : Il est … . Elle est … .   Espagne : Il est … . Elle est … .
Angleterre : Il est … . Elle est … .   Australie : Il est … . Elle est … .
Allemagne : Il est … . Elle est … .   Suède : Il est … . Elle est … .

5 Complétez avec les adjectifs suivants en faisant les accords nécessaires : sportif, énorme, prochain, italien, frais, amusant.

1. J'aime boire des jus de fruits … .   4. On nous a raconté une histoire … .
2. Dans ma classe il y a plusieurs étudiantes … .   5. Laure adore le sport, elle est très … .
3. J'ai cueilli un … bouquet de marguerites. 6. Descendez à la … station !

6 Formez les adjectifs sur les verbes. Attention aux accords.

Ex. Intéresser : un film …   Ex. Habiller : l'enfant est … en vert.
→ *un film intéressant*   → *L'enfant est habillé en vert.*

a. Amuser : C'est un acteur …   **b.** Asseoir : Il n'y a plus de places … dans le bus.
Énerver : C'est un bruit …   Finir : Il est 16h30. La classe est … .
Polluer : Cette voiture n'est pas …   Interdire : Ne passez pas ! C'est une entrée … au public.
Étonner : Quelle histoire … !   Désoler : Excusez-moi ! Je suis … d'être en retard.

7 Imitez le modèle.

Ex. un beau paysage : une … maison – de … paysages – de … maisons
→ *une belle maison – de beaux paysages – de belles maisons*

1. Un appareil bruyant   → Une machine …   Des appareils …   → Des machines …
2. Un gros problème   → Une … erreur   De … problèmes   → De … erreurs
3. Un fruit frais   → Une boisson …   Des fruits …   → Des boissons …
4. Le premier jour   → La … fois   Les … jours   → Les … fois
5. Un pantalon neuf   → Une jupe …   Des pantalons …   → Des jupes …
6. Un député européen   → L'économie …   Des députés …   → Les économies …
7. Un tiroir plein   → Une boîte …   Des tiroirs …   → Des boîtes …

DELF unité A1

8 Accordez les adjectifs de ces annonces, si c'est nécessaire.

1. Famille (dynamique) et (actif) recherche une jeune fille (gai), (spontané), (responsable) et (sérieux) pour s'occuper de deux petites filles (plein) de vie, (doux) et (gentil).

2. Dame (âgé) , (cultivé) et (sensible) cherche dame de compagnie (vivant),(énergique) et (joyeux) pour l'accompagner à des soirées (culturel).

9 Complétez l 'annonce suivante avec les adjectif suivants en faisant les accords nécessaires : « sportif, beau, nouveau, grand, connu, brun, bon ».

Je m'appelle Sophie, je suis …, pas très …(1m.60) . Je ne suis pas très … mais je suis une assez … joueuse de tennis . Je cherche un … ami pour partager un … appartement dans un quartier … de Lyon.

1   Pour compter

0	ZÉRO	**20**	VINGT	**70**	SOIXANTE-DIX	**90**	QUATRE-VINGT-DIX
1	un	**21**	vingt **et** un	**71**	soixante **et** onze	**91**	quatre-vingt-onze
2	deux	**22**	vingt-deux	**72**	soixante-douze	**92**	quatre-vingt-douze
3	trois	**23**	vingt-trois	**73**	soixante-treize	**93**	quatre-vingt-treize
4	quatre	**24**	vingt-quatre	**74**	soixante-quatorze	**94**	quatre-vingt-quatorze
5	cinq	**25**	vingt-cinq	**75**	soixante-quinze	**95**	quatre-vingt-quinze
6	six	**26**	vingt-six	**76**	soixante-seize	**96**	quatre-vingt-seize
7	sept	**27**	vingt-sept	**77**	soixante-dix-sept	**97**	quatre-vingt-dix-sept
8	huit	**28**	vingt-huit	**78**	soixante-dix-huit	**98**	quatre-vingt-dix-huit
9	neuf	**29**	vingt-neuf	**79**	soixante-dix-neuf	**99**	quatre-vingt-dix-neuf
10	DIX	**30**	TRENTE	**80**	QUATRE-VINGTS	**100**	CENT
11	onze	**31**	trente **et** un	**81**	quatre-vingt-un	**200**	deux cents
12	douze	**32**	trente-deux	**82**	quatre-vingt-deux	**201**	deux cent un
13	treize	**33**	trente-trois	**83**	quatre-vingt-trois	**1 000**	MILLE
14	quatorze	...		**84**	quatre-vingt-quatre	**2 000**	deux mille
15	quinze	**40**	QUARANTE	**85**	quatre-vingt-cinq	**2 001**	deux mille un
16	seize	...		**86**	quatre-vingt-six		
17	dix-sept	**50**	CINQUANTE	**87**	quatre-vingt-sept		
18	dix-huit	...		**88**	quatre-vingt-huit		
19	dix-neuf	**60**	SOIXANTE	**89**	quatre-vingt-neuf		

> Ne dites pas :
> ~~Un mille~~
> N'écrivez pas :
> *trois mille̶s̶*

On ne prononce pas la consonne finale de « cinq, six, huit et dix » lorsque le mot suivant commence par une consonne :

cinq cents francs   **six** mois

huit mille   **dix** jours

▶ **Les nombres sont invariables.**
  J'ai **quatre** enfants.
  Il y a **deux mille** élèves dans ce lycée.

> **ATTENTION**
>
> On fait la liaison quand le mot qui suit le nombre commence par une voyelle ou un h muet :
> Il a cinq ans. [k]   Il a huit ans. [t]
> Ils ont deux enfants. [z]
> Il est neuf heures. [v]

Cas particuliers

▶ **20 et 100 prennent un « s » quand ils sont multipliés :**

80 : quatre-vingts (4 x 20)   200 : deux cents (2 x 100)   300 : trois cents (3 x 100)

Ils restent invariables quand ils sont suivis d'un autre chiffre :

82 : quatre-vingt-deux   205 : deux cent cinq   310 : trois cent dix

▶ **« un million » et « un milliard » sont variables :**

Deux millions   Cinq milliards

La France comptait soixante millions d'habitants en 1999.

Il y a six milliards d'hommes sur la Terre.

☞ ATTENTION ! ne dites pas :
60 millions des habitants
6 milliards des hommes

Le classement

Pour classer, on ajoute le suffixe **« -ième »** au nombre.

▶ **deux → deuxième**   **trente → trentième**

deuxième	onzième	vingtième
troisième	douzième	trentième
quatrième	treizième	quarantième
cinquième	quatorzième	cinquantième
sixième	quinzième	soixantième
septième	seizième	soixante-dixième
huitième	dix-septième	quatre-vingtième
neuvième	dix-huitième	quatre-vingt-dixième
dixième	dix-neuvième	centième

Exceptions :

premier(s) / première(s)   dernier(s) / dernière(s)

Ne dites pas :
Les derniers trois jours
Les premières dix minutes
Mais dites :
Les trois derniers jours
Les dix premières minutes

▶ **Ces adjectifs sont toujours placés devant le nom.**

Il y a un restaurant au **cinquante-sixième** étage de la tour Montparnasse.

Nous sommes au **vingt et unième** siècle.

C'est la **troisième** fois que je lui téléphone. Il ne répond pas. Où est-il ?

METTRE EN PRATIQUE

1 Écrivez en lettres le résultat.

100 x 5 = ...   120 : 2 = ...
980 : 2 = ...   46 x 2 = ...
1000 x 1000 = ...   5 – 5 = ...
100 000 x 4 = ...   1.000.000 + 230.000 = ...

2 Pour mesurer

Les personnes

▶ **La taille**

Combien mesurez-vous ? Quelle est votre taille ?
Je **mesure** 1m 90, je **fais** 1m 90.

▶ **Le poids**

Combien pesez-vous ? Quel est votre poids ?
Je **pèse** 75 kg.

▶ **Les vêtements**

Vous cherchez un pantalon. Quelle est votre taille ? Je **fais du** 40.
Vous voulez des chaussures. Quelle est votre pointure ? je **fais du** 38.

Les choses

▶ **Avoir / faire ... de long / large / haut**

La longueur :	Cette rivière **a** / **fait** 50 km **de long**.
La largeur :	Notre rue **a** / **fait** 8 m **de large**.
La hauteur :	Cet immeuble **a** / **fait** 25 m **de haut**.

> **REMARQUE**
> Pour donner la surface, on dit :
> *Ma chambre mesure 3 m sur 4.*
> *Elle fait 12 m^2* (mètres carrés).

▶ **Le poids, le prix, ...**

Le poids :	Combien pèse ce paquet ? Il **pèse** 800 g, il **fait** 800 g.
La température :	Quelle est la température aujourd'hui ? Il **fait** 18°. La température **est de** 18°.
La distance :	Aix en Provence **est à** 31 km **de** Marseille. J'ai de la chance. Mon bureau **est à** 10 minutes **de** chez moi !
La vitesse :	Le Concorde vole **à** 2 200 km **à** l'heure. Le TGV roule **à** 300 km **à** l'heure.
Le prix :	Combien coûte cette montre ? Elle **coûte** 77 €. Le prix de cette montre **est de** 77 €.

☞ ATTENTION ! ne dites pas :
Le prix est 77 €.

METTRE EN PRATIQUE

2 Quelques dates de l'histoire. Écrivez-les en toutes lettres.

1542 : Jacques Cartier débarque au Canada en ... .

1643-1715 : Louis XIV a régné de ... à ... .

1895 : Louis Lumière fait la première projection du cinématographe en ... .

1969 : Neil Amstrong a été le premier homme à marcher sur la Lune en ... .

3 Décrivez Alice.

Sa taille : combien mesure-t-elle ? (1m 70)

Son poids : combien pèse-t-elle ? (58 kg)

Ses vêtements : quelle taille fait-elle ? (42)

Ses chaussures : quelle pointure fait-elle ? (39)

Et maintenant, décrivez-vous !

4 Complétez par « premier, deuxième, troisième », ...

Ex. Vous avez déjà entendu la (5) symphonie de Beethoven ?
→ *Vous avez déjà entendu la cinquième symphonie de Beethoven ?*

1. Elle est toujours la (1) de sa classe.

2. C'est la (10) fois que je te demande de mettre la télévision moins fort !

3. Le centimètre est la (100) partie du mètre.

4. L'Arc de Triomphe a été construit au début du (19) siècle.

5. Il habite au (8) étage.

5 Répondez aux questions.

Ex. Lyon est à combien de kilomètres de Paris ? (462 km)
→ *Lyon est à 462 km de Paris.*

1. Quelle est la hauteur du Mont-Blanc ? (4 807 m)

2. Quelle est la longueur de la Seine? (776 km)

3. Quelle est la largeur de l'avenue Foch à Paris ? (120 m)

4. Combien coûte cette bouteille de vin ? (7 €)

6 Apprenez par cœur cet extrait du poème de Jacques Prévert : *Paroles* (1946).

> Deux et deux quatre
> quatre et quatre huit
> huit et huit font seize...
> Répétez ! dit le maître
> Deux et deux quatre
> quatre et quatre huit
> huit et huit font seize...
> Mais voilà l'oiseau-lyre
> qui passe dans le ciel
> l'enfant le voit
> l'enfant l'entend
> l'enfant l'appelle :
> Sauve-moi
> joue avec moi
> oiseau !
> [...]

DELF **unité A1**

7 Une amie vous pose des questions sur votre ville.
Donnez une réponse avec les éléments entre parenthèses pour chaque question.

1. Tu habites à combien de kilomètres de la capitale ? (300 km)

2. Les rues sont larges ou étroites ? (10 m)

3. Combien coûte un café ? (1,5 €)

4. Tu es loin de l'université ? (un quart d'heure à pied)

5. Quelle est la hauteur du Mont Rouge ? (1 450 m)

6. Il y a combien d'habitants dans ta ville ? (un million)

7. Quelle est la température en juillet ? (25°)

Les pronoms personnels remplacent un nom de personne ou de chose.
Ils changent de forme selon leur fonction : ils sont sujets ou compléments.
Ils permettent d'éviter une répétition.

1   Les pronoms sujets

Singulier	Pluriel
je / j'	nous
tu	vous
il / elle	ils / elles

Ne dites pas :
~~Je~~ habite à Mexico et ~~je~~ aime la tequila.
Mais dites :
J'habite à Mexico et j'aime la tequila.

Je suis mexicaine.

La terre est ronde. **Elle** tourne autour du soleil.

Ne dites pas :
~~Lui~~ est italien.
mais dites :
Il est italien.

▶ **On emploie « vous » pour parler à une seule personne quand on ne la connaît pas :**

Pardon Madame ! Est-ce que **vous** pourriez me dire où est la rue de Rivoli ?

par respect ou par politesse :

Monsieur le Directeur, est-ce que je pourrais **vous** voir ?

▶ **Dans la langue courante,
« nous » est souvent remplacé par « on ».**

On a gagné !
(= nous avons gagné !)

Tu es prêt ? **On** part.
(= nous partons)

METTRE EN PRATIQUE

1 Imitez le modèle.

Ex. Nous marchons depuis 2 h, nous sommes morts de fatigue !
→ *On marche depuis 2 h , on est morts de fatigue.*

1. Qu'est-ce que nous faisons ce soir ? Nous sortons ?

2. Nous avons eu un accident. Personne n'est blessé. Nous avons eu de la chance !

3. Les enfants rentrent de l'école et disent : « Nous avons faim ! Nous pouvons goûter maintenant ? »

Les pronoms toniques

Singulier	Pluriel
moi	nous
toi	vous
lui / elle	eux / elles

**Les pronoms toniques désignent des personnes.
Ils s'emploient :**

▶ **Pour montrer une différence**

Toi, tu es argentin. Alberto, **lui**, est péruvien. Marina, **elle**, est colombienne et **moi**, je suis brésilien.

▶ **Après « c'est », « ce sont »**

Qui a gagné la partie de tennis ? C'est **moi** !

Les Smith viennent d'arriver : ce sont / c'est **eux** qui ont apporté ce magnifique bouquet de fleurs.

▶ **Après une préposition (à, de, chez, pour, à côté de, devant, derrière, entre, ...) et après « et / ou »**

Tu connais Philippe ? Je travaille avec **lui** à Radio-France.

Jean et **moi**, nous allons en Grèce cet été.

▶ **Quand on ne répète pas le verbe**

J'aime faire du camping et toi ?
– Oui, **moi** aussi !   (=j'aime aussi faire du camping)
– Non, pas **moi** !   (=je n'aime pas faire du camping)

Est-ce qu'elle a le même âge que son mari ?
– Non, elle est plus jeune que **lui**.

REMARQUE
À la 3e personne, le pronom « soi » s'emploie quand le sujet est « on » ou « tout le monde ».
– *Après le spectacle, tout le monde est rentré* **chez soi**.
– *On doit toujours avoir un papier d'identité* **sur soi**.

Ne dites pas :
C e̶s̶ó̶n̶t̶ nous / Ce̶s̶ó̶n̶t̶ vous
Mais dites :
C'est nous / C'est vous

☞ ATTENTION ! ne dites pas :
Je travaille avec i̶l̶ à Radio-France.

REMARQUE
Pour insister, on ajoute « même » au pronom tonique :
Ils ont repeint **eux-mêmes** *tout leur appartement.*

METTRE EN PRATIQUE

2 Complétez les phrases par un pronom tonique.

1. Laurent, il y a une lettre pour … sur ton bureau !

2. Madame Lumière, c'est bien vous ? Oui, c'est … !

3. Hier soir, j'ai téléphoné chez les Dujardin, mais ils n'étaient pas chez … .

4. À qui est ce parapluie ? À Pierre ? Oui, il est à … .

5. Odile est très sportive, son mari est toujours dans ses livres ! … et … n'ont pas les mêmes goûts mais ils s'entendent très bien.

6. Ma fille a 14 ans et elle est déjà plus grande que … !

Le pronom complément « en »

Il a deux emplois.

◼ Il remplace un nom COD ˙˙ précédé d'une expression de quantité.

▶ **Article indéfini :**

une		un sandwich.	→	Il **en** mange **un**.
une	Fabien mange	une omelette.	→	Il **en** mange **une**.
des		des frites.	→	Il **en** mange.

˙˙ COD : complément d'objet direct.
Voir l'Introduction, p. 6.

> Est-ce qu'il mange un sandwich ?
> **Ne dites pas :**
> *Oui, il en mange.*
> *Non, il n'en mange pas un.*
> **Mais dites :**
> *Oui, il en mange un.*
> *Non, il n'en mange pas.*

▶ **Article partitif :**

du		du saucisson.	→	Il **en** mange.
de la	Fabien mange	de la viande.	→	Il **en** mange.
de l'	Fabien boit	de l'eau.	→	Il **en** boit.

▶ **Forme négative :**

| pas de | Fabien ne mange pas de frites. | → | Il n'**en** mange pas. |
| pas d' | Fabien ne boit pas d'eau. | → | Il n'**en** boit pas. |

▶ **Deux, dix, vingt, …**
beaucoup, (un) peu, trop, moins, assez, plus … de + nom
plusieurs, quelques, un(e) autre, … ˙˙

Vous avez des frères ? Oui, j'**en** ai deux.

Il y a trop de chiens à Paris ? Oh oui, il y **en** a trop !

Claudia, tu as des amis français ? Oui, j'**en** ai quelques-uns.

˙˙ Pour « plusieurs, quelques, … » voir également le chapitre 18 sur les indéfinis.

☞ ATTENTION ! ne dites pas :
Oui, j'en ai quelques.

◼ Il remplace la préposition « de » + un nom de chose.

	de son travail ?	
Est-ce que Victor parle	de sa vie à Paris ?	Oui, il **en** parle.
	de ses vacances ?	Non, il n'**en** parle pas.

Tu as besoin de ce dictionnaire. Non, je n'**en** ai pas besoin.

Vous êtes content de votre nouvelle voiture ? Oui, j'**en** suis très content.

REMARQUE

Dans la langue soutenue, quand le complément est une personne, on emploie le pronom tonique.

Elle a un frère peintre.
*Elle parle souvent **de lui**.*

METTRE EN PRATIQUE

3 **Répondez aux questions en employant le pronom « en ».**

a. 1. Est-ce que vous avez un ordinateur portable ?

2. Pardon Monsieur, est-ce qu'il y a une banque près d'ici ?

3. Est-ce que tu as des vidéocassettes de langue française ?

b. 1. Est-ce que vous avez fait de la natation quand vous étiez à l'école ?

2. Est-ce qu'il y a du bruit dans votre rue la nuit ?

3. Est-ce que vous avez toujours de l'argent sur vous ?

c. 1. Combien d'habitants, est-ce qu'il y a en France ? (60 millions)

2. Dans votre quartier, il y a beaucoup d'espaces verts ? (ne … pas assez)

3. Vous avez quelques livres français ? (quelques-uns)

Les pronoms compléments « le, la, les »

Ils remplacent un nom de personne et de chose COD précédé par un :

▶ **article défini :**   le, la, les

▶ **adjectif possessif :**   mon, ton, son, …   + nom

▶ **adjectif démonstratif :** ce, cet, cette, ces

> Ne dites pas :
> Il ~~la~~ aime / il ~~le~~ aime
> Mais dites :
> Il l'aime / il l'aime

Est-ce que Victor regarde

         <u>la</u> photo de Marie ?

         <u>sa</u> photo ?   → Oui, il **la** regarde.

         <u>cette</u> photo ?   → Non, il ne **la** regarde pas

Tu connais Simon depuis longtemps ? Oh oui, je **le** connais depuis vingt ans. Et sa femme, tu **l'**as déjà rencontrée ? Oui, je **l'**ai déjà vue deux ou trois fois. Et leurs enfants ? Non, je ne **les** connais pas**••**.

•• Pour l'accord du participe passé avec « la » ou « les », voir le chapitre 10, p. 55.
Ces photos, je les ai prises en Italie.

COMPAREZ

en = quantité	**le / la / les** = nom déterminé
J'ai acheté <u>un magnétoscope</u> hier. → J'**en** ai acheté un.	J'ai acheté <u>ce magnétoscope</u> hier. → Je **l'**ai acheté hier.
Henri écoute souvent <u>de la musique</u> classique. → Il **en** écoute souvent.	Henri écoute souvent <u>la radio</u>. → Il **l'**écoute souvent.
Anne regarde <u>quelques émissions sportives</u>. → Elle **en** regarde quelques-unes.	Anne regarde <u>les émissions sportives</u>. → Elle **les** regarde.

Le pronom « le » peut remplacer une partie de phrase.

Tu sais que Marie attend un enfant ? Oui bien sûr, elle **le** dit à tout le monde.

(le = attendre un enfant)

Je dois m'occuper de mon jardin, je **le** ferai dimanche.

(le = s'occuper de son jardin)

METTRE EN PRATIQUE

4 Remplacez les mots soulignés par « en » ou « le, la, les ».

1. Jean fait <u>du golf</u> tous les samedis.
– Il pratique <u>ce sport</u> depuis peu de temps.

2. Les Bonnard ont vendu <u>leur appartement de Lyon</u> il y a un an.

– Ils ont acheté <u>une maison</u> dans les Alpes.

3. Pierre filme <u>ses enfants</u> sur la plage.
– Pierre fait beaucoup de <u>films</u>.

4. Catherine boit <u>un verre de jus d'orange</u> le matin.
– Catherine a pris <u>son jus d'orange</u> ce matin.

Les pronoms compléments « lui, leur »

■ Ils remplacent un nom de personne précédé de la préposition « à » (COI)**.

** COI : complément d'objet indirect.
Voir l'Introduction, p. 6.

▶ **La forme est la même au masculin et au féminin.**

Est-ce que Victor parle

à un ami ? Oui, il **lui** parle.

à une amie ? Non, il ne **lui** parle pas.

à ses frères ? Oui, il **leur** parle.

à ses sœurs ? Non, il ne **leur** parle pas.

ATTENTION
Ne confondez pas « leur(s) » possessif et « leur » pronom personnel.
*Ils téléphonent à **leurs** parents.*
*Ils **leur** téléphonent.*

▶ **Beaucoup de verbes de communication sont construits avec « à ».**

parler à quelqu'un

téléphoner à quelqu'un

écrire à quelqu'un

donner à quelqu'un

dire à quelqu'un

envoyer à quelqu'un

répondre à quelqu'un

raconter à quelqu'un

REMARQUE
« Penser à quelqu'un » On emploie « à + un pronom tonique ».
Je pense à mon fils, à ma fille.
*Je pense à **lui**, je pense à **elle**.*

COMPAREZ

le / la / les = COD	lui / leur = COI
Il aime bien <u>son professeur</u>. → Il **l'**aime bien.	Il écrit <u>à son professeur</u>. → Il **lui** écrit.
Elle aime bien <u>ses cousins Lafond</u>. → Elle **les** aime bien.	Elle téléphone <u>à ses cousins Lafond</u>. → Elle **leur** téléphone.

METTRE EN PRATIQUE

5 Remplacez les mots soulignés par « lui » ou « leur ».

1. Étienne a envoyé une lettre de motivation <u>au directeur du personnel</u>.

2. Madame Lenoir et Monsieur Barrot partent à la retraite. Le personnel de l'usine offrira des cadeaux <u>à Madame Lenoir et à Monsieur Barrot</u>.

3. Alex n'a pas bien répondu <u>au professeur</u>.

4. En quittant ses amis, on dit « au revoir » ou « salut » <u>à ses amis</u>.

6 Remplacez les mots soulignés par « le, la, les » ou « lui, leur ».

1. La petite Aurore ressemble <u>à sa mère</u>.
- Elle imite toujours <u>sa mère</u>.

2. Clotilde a téléphoné <u>à son copain</u>.
- Elle retrouvera <u>son copain</u> dans un café.

3. Jeanne demande souvent conseil <u>à ses amis</u>.
- Elle écoute <u>les conseils de ses amis</u>.

4. Le maître nageur surveille <u>les enfants</u>.
- Il apprend <u>aux enfants</u> à nager.

Les pronoms compléments
« me, te, nous, vous, se »

■ **Les pronoms des 1ʳᵉ et 2ᵉ personnes remplacent des noms de personnes COD ou COI.**

Regarder quelqu'un (COD)	Plaire à quelqu'un (COI)
Victor ⟨ me / te / nous / vous ⟩ regarde.	Ce film ⟨ me / te / nous / vous ⟩ plaît.

Allô, est-ce que vous **m'**entendez bien ? Non, je ne **vous** entends pas bien. Parlez plus fort.
(entendre quelqu'un = COD)

Est-ce que vous **m'**avez envoyé les documents ? Oui, je **vous** ai tout faxé.
(envoyer / faxer à quelqu'un = COI)

■ **La forme « se » s'emploie dans la conjugaison pronominale**ᵗ.

Elle **se** regarde dans la glace.

Ils **s'**écrivent presque tous les jours.

•• Voir le chapitre 4 sur les verbes pronominaux.

Au téléphone

- *Simon, c'est pour toi ! C'est ta copine Julie !*
- *Allô Simon, on se voit ce soir ?*
  - *D'accord, on se retrouve au café Mirabeau à 7 heures.*

METTRE EN PRATIQUE

7 Répondez aux questions.

Ex. Est-ce que Pierre vous a écrit ?
→ *Oui, il nous a écrit.*

1. Est-ce que tu m'attendras devant la gare ou à l'intérieur ?

2. Est-ce que ta sœur t'a téléphoné ?

3. Est-ce que le malade se promène un peu tous les jours ?

4. Pierre et Jacques, est-ce que vos amies vous ont répondu ?

Le pronom complément « y »

■ Il remplace un complément de lieu.

Est-ce que Victor va
- à la piscine
- en Colombie ? → Oui, il **y** va.
- au Portugal ? → Non, il n'**y** va pas.
- au mariage de sa cousine ?

Mes clés étaient <u>dans le tiroir</u> et elles n'**y** sont plus. Où sont-elles ?

■ Il remplace un nom de chose précédé de la préposition « à » (COI).

Est-ce que Victor joue
- au poker ? → Oui, il **y** joue.
- aux échecs ? → Non, il n'**y** joue pas.

Tu as pensé <u>à l'anniversaire de ta mère</u> ? Oui, j'**y** ai pensé, je lui ai acheté des chocolats.

COMPAREZ

y = à + un nom de chose	**lui / leur** = à + un nom de personne
Il assiste toujours <u>au cours de M. Legrand</u>. → Il **y** assiste toujours.	Il a téléphoné <u>à M. Legrand</u>. → Il **lui** a téléphoné.

METTRE EN PRATIQUE

8 Remplacez les mots soulignés par le pronom « y ».

Ex. Diego est bien habitué au climat de Paris.
→ *Diego y est bien habitué.*

1. En été, il fait très chaud <u>en Corse</u>.
2. Je ne suis jamais allé <u>dans un casino</u>.
3. Nous avons participé <u>au marathon de Paris</u>.
4. Elle est inscrite <u>à l'association des anciens élèves de son école</u>.
5. M. Dupont ne travaille plus <u>au parlement de Strasbourg</u>.

9 Remplacez les mots soulignés par « y » ou « lui , leur ».

1. Nous jouons souvent <u>aux cartes</u>.
2. Les clowns plaisent beaucoup <u>aux enfants</u>.
3. Il n'a pas répondu <u>à la question du professeur</u>.
4. Alberto parle toujours en italien <u>à sa fille</u>.
5. Les enfants pensent toujours <u>aux vacances</u> … et les adultes aussi !
6. En arrivant au bureau, elle dit bonjour <u>à ses collègues</u>.

La place des pronoms compléments

Quand il y a deux pronoms compléments

▶ **Avec « en »**

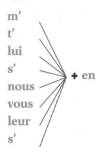

m'
t'
lui
s'
nous
vous
leur
s'
⟩ **+ en**

Elle me donne un livre.
→ Elle **m'en** donne un.

On lui a offert des rollers.
→ On **lui en** a offert.

▶ **Avec « le, la, les »**

me
te
nous
vous
⟩ **+ le / la / les**

Elle nous donnera son livre.
→ Elle **nous le** donnera.
Il m'a prêté sa moto.
→ Il **me l'**a prêtée.

▶ **Avec « lui, leur »**

le
la
les
⟩ **+ lui / leur**

Il enverra sa nouvelle adresse à ses amis.
→ Il **la leur** enverra.

Quand le verbe est à l'impératif affirmatif

▶ **Les pronoms compléments sont placés après le verbe.**

Regarde ma collection de timbres !　→ Regarde-**la** !
Écris à ta grand-mère !　　　　　　→ Écris-**lui** !

Pendant ton voyage, prends beaucoup de photos !
→ Prends-**en** beaucoup !

Cas particulier :

Les pronoms **« me »** et **« te »** deviennent **« moi »** et **« toi »**.

Téléphone-**moi** ce soir !

Voilà du poulet. Sers-**toi** !

▶ **Quand il y a deux pronoms compléments**

Avec « en »

m'
t'
lui
nous
leur
⟩ **+ en**

Donnez-moi un pain de campagne.
→ Donnez-**m'en** un.

Avec « le, la, les »

le
la
les
⟩ **+ moi / lui / nous / leur**

Donne-moi ton adresse.
→ Donne-**la**-**moi**.

▶ **À l'impératif négatif, les pronoms compléments sont placés devant le verbe.**

Il n'est pas tard.　Ne **t'en** va pas !

Elle dort.　　　　Ne **la** réveillez pas !

> **REMARQUE**
> Notez le trait d'union entre le verbe et le pronom :
> *Écoute-moi* !

> **ATTENTION**
> À la 2e personne du singulier, le verbe « aller », les verbes du 1er groupe et « ouvrir, offrir » prennent un « s » devant les pronoms « en » et « y » pour faciliter la prononciation.
> *Achète du pain ! Achètes-en !*
> *Va à la boulangerie ! Vas-y !*

Quand le verbe est suivi d'un infinitif

▶ **Le pronom est placé devant l'infinitif.**

aller   vouloir
savoir   pouvoir   + pronom + infinitif
devoir   aimer, …

Ils veulent acheter une autre voiture.
→ Ils veulent **en** <u>acheter</u> une autre.

Je ne peux pas répondre à ces questions.
→ Je ne peux pas **y** <u>répondre</u>.

Lucy aimerait visiter le château de Chambord.
→ Elle aimerait **le** <u>visiter</u>.

J'ai plein de cerises dans mon jardin. Je vais **vous en** <u>donner</u>.

Est-ce que le dîner est prêt ?

Tu as cassé un verre. Ce n'est pas grave, ne t'en fais pas !

Monsieur, je ne vous connais pas, laissez-moi tranquille ! Allez-vous-en !

METTRE EN PRATIQUE

10 Remplacez les mots soulignés par des pronoms.

1. J'ai fini de lire le livre que tu m'avais prêté. Je te rendrai <u>ce livre</u> demain.

2. Pour filmer le match de rugby de mon club, je n'avais pas de caméra. Un ami m'a prêté <u>une caméra</u>.

3. J'ai un problème de santé. Je vais voir le Docteur Lafont. Je parlerai <u>de ce problème au Docteur Lafont</u>.

4. Le cognac, nos amis anglais adorent ça. Nous enverrons <u>du cognac à nos amis anglais</u>.

5. Il y a beaucoup de monuments intéressants à Dijon, en Bourgogne. Quand vous viendrez, nous vous montrerons <u>ces monuments</u>.

11 Complétez les phrases par un pronom.

1. Votre enfant est malade :
Prenez <u>sa température</u> !
→ Prenez … !
Appelez <u>le médecin</u> !
→ Appelez … !

Et donnez à boire <u>à votre enfant</u> !
→ Et donnez … à boire !

2. S'il y a des soldes,
allez dans <u>les magasins</u> tout de suite !
→ Allez … tout de suite !
N'oubliez pas <u>votre carte de crédit</u> !
→ Ne … oubliez pas !
Essayez plusieurs <u>vêtements</u> !
→ Essayez … plusieurs !
Et ne dépensez pas trop <u>d'argent</u> !
→ Et ne … dépensez pas trop !

12 Remplacez les mots soulignés par un pronom.

1. J'aime bien faire <u>de la bonne cuisine</u> pour mes amis.

2. Xavier doit aller <u>en Italie</u> pour un congrès.

3. En ce moment, il faut arroser <u>les fleurs</u> tous les jours.

4. Je voudrais avoir plus <u>d'informations</u> sur les voyages que vous organisez.

5. Marianne ne peut pas aller <u>à la patinoire</u> avec nous aujourd'hui.

13 Complétez les phrases.

1. La vieille dame a regardé l'enfant et elle … a souri. (sourire à quelqu'un)

2. Vous voulez encore du café ? Oui, je … veux bien un peu plus. (vouloir quelque chose)

3. Sarah a rencontré Peter et elle … a emmené visiter son nouveau studio. (emmener quelqu'un)

4. Elle est super, cette cassette ! Tu … … prêtes ? (prêter quelque chose à quelqu'un)

5. Tu veux des jeux vidéo ? Je vais … … offrir pour ton anniversaire. (offrir quelque chose à quelqu'un)

6. Quel gros chien ! Tous les enfants … ont peur. (avoir peur de)

14 Complétez les phrases.

1. – Allô Colette, comment vas … ?

   – Bien et … ?

   – Mal ! … suis à l'hôpital ! Viens … voir et apporte … des livres ! Je … attends.

2. – Excusez … , Madame, est-ce que … pourriez … dire où se trouve la poste ?

   – Continuez tout droit, vous … verrez à gauche : c'est un grand bâtiment moderne.

15 Répondez aux questions.

1. Est-ce que vous êtes déjà allé dans un casino ?

2. Quand prenez-vous vos vacances ? En juillet ou en août ?

3. Vous faites régulièrement de la gymnastique ?

4. Est-ce que ce dessin animé a plu à la petite Ariane ?

5. Pour le Nouvel An, est-ce que vous envoyez des cartes de vœux à vos amis ?

16 Complétez les phrases en utilisant « les », « leur », « se » ou « en ».

Les bandes dessinées d'Astérix, vous … connaissez ? Astérix et son ami Obélix sont deux Gaulois qui … battent contre les Romains. Ils sont très forts grâce à la potion magique du druide Panoramix. Astérix doit … boire régulièrement mais Obélix ne … a pas besoin parce qu'il est tombé dedans quand il était petit. Les Romains veulent la recette de la potion magique, mais Panoramix … … prépare une qui n'a aucun effet.

DELF   unité A4

17 Dans la lettre suivante, remplacez les mots soulignés par un pronom pour éviter les répétitions. Utilisez « en, le, la, l', y, lui, … »

Chère Claire,

Je suis en vacances dans une région qui s'appelle le Limousin. Je suis <u>dans le Limousin</u> depuis une semaine. On voit peu de cultures <u>dans le Limousin</u> mais on aime la nature et on protège <u>la nature</u>. On aime aussi l'accordéon. Je joue <u>de l'accordéon</u> avec un groupe de musiciens traditionnels. La châtaigne est le fruit le plus courant. On vend beaucoup <u>de châtaignes</u> sur les marchés. Le sport préféré est le rugby. On est fou <u>de rugby</u> ! Le maillot de l'équipe est noir et blanc. Tout le monde connaît <u>ce maillot</u> et veut acheter <u>ce maillot</u>.

L'équipe de rugby est célèbre. On doit beaucoup <u>à cette équipe</u> dans la région et on apprécie <u>cette équipe</u>. Le nom de famille le plus répandu chez les habitants est Le Masson. Je connais une dizaine <u>d'habitants</u> qui portent <u>ce nom</u>.

Et toi, dans quelle région es-tu ?

Réponds-moi. Je t'embrasse.

Geneviève

Le pronom relatif remplace un nom et il sert à relier deux phrases pour éviter une répétition.

1   Qui / Que

■ « Qui » est sujet.

▶ **« Qui » remplace un nom de personne.**

Nous avons un fils.   Notre fils joue de la flûte.
(sujet)

→ Nous avons un fils **qui** joue de la flûte.

Nous avons des enfants **qui** aiment beaucoup la musique.
(qui = nos enfants)

▶ **« Qui » remplace un nom de chose.**

Le sapin est un arbre.   Cet arbre pousse dans les montagnes.
(sujet)

→ Le sapin est un arbre **qui** pousse dans les montagnes.

Dans le salon, il y a deux grandes fenêtres **qui** donnent sur un parc.
(qui = les fenêtres)

■ « Que » est complément d'objet direct (COD).

▶ **« Que » remplace un nom de personne.**

C'est un journaliste.   J'ai rencontré ce journaliste à Tokyo
(C.O.D)

→ C'est un journaliste **que** j'ai rencontré à Tokyo.**

Il joue au foot avec des amis **qu'**il connaît depuis son enfance.
(qu' = des amis)

▶ **« Que » remplace un nom de chose.**

J'ai acheté un disque.   J'écoute ce disque très souvent.
(C.O.D)

→ J'ai acheté un disque **que** j'écoute très souvent.

On a offert à Julie deux cassettes vidéo **qu'**elle regarde tout le temps.
(qu' = les cassettes vidéo)

---

1) « Qui » + voyelle ne change pas.
Ne dites pas :
Des enfants qu'aiment la musique.
Mais dites :
Des enfants qui aiment la musique.

2) « Que » + voyelle devient « qu' ».
Ne dites pas :
qu'il(s), qu'elle's), qu'on
Mais dites :
qu'il(s), qu'elle(s), qu'on

« Que » n'est jamais sujet.
1) Ne dites pas :
J'ai acheté un livre que c'est intéressant.
Mais dites:
… un livre qui est intéressant.

2) Ne dites pas :
C'est un professeur qui j'aime bien
Mais dites :
C'est un professeur que j'aime bien.

** Pour l'accord du participe passé avec le pronom « que ». Voir le chapitre 10, p. 55.

C'est une journaliste que j'ai rencontrée à Tokyo.

COMPAREZ

Un dictionnaire est <u>un livre</u> **qui** explique le sens des mots.

(qui : sujet du verbe « expliquer »)

Un dictionnaire est <u>un livre</u> **que** les étudiants utilisent beaucoup.

(que : C.O.D. du verbe « utiliser »)

■ « Qui » et « que » peuvent remplacer un pronom.

C'est <u>lui</u> **qui** a raison.

Regarde cette voiture. C'est <u>celle</u> **que** j'aimerais acheter.

Un boulanger, c'est <u>quelqu'un</u> **qui** fait du pain.

Arriver en retard, c'est <u>quelque chose</u> **que** je déteste.

> **REMARQUE**
>
> Attention à l'accord du verbe avec le pronom personnel :
>
> C'est <u>moi qui</u> **ai** raison.
> C'est <u>toi qui</u> **as** raison.
> C'est <u>nous qui</u> **avons** raison.

PARLONS !

La cliente : Bonjour Mademoiselle, je voudrais voir une jupe qui est dans la vitrine.

La vendeuse : Celle qui a une ceinture ?

La cliente : Non, celle que je préfère, c'est la noire, celle qui a des poches.

La vendeuse : Très bien ! Mais essayez aussi la rouge. Vous verrez, c'est une jupe que vous porterez très facilement.

METTRE EN PRATIQUE

1 Reliez les phrases par « qui » ou « que ».

Ex. C'est un livre. J'ai lu ce livre la semaine dernière.
→ *C'est un livre que j'ai lu la semaine dernière.*

1. M. Martin est le patron d'un café. Ce café est au coin de la rue.
– M. Martin est le patron d'un café. Les jeunes aiment beaucoup ce café

2. C'est un documentaire. J'ai vu ce documentaire trois fois.
– C'est un documentaire. Ce documentaire parle de la vie des animaux en Afrique.

3. Picasso est un peintre. Il a révolutionné la peinture du XXᵉ siècle.
– Picasso est un peintre. Beaucoup de gens le connaissent.

2 Complétez les phrases par « qui » ou « que ».

1. La pizza, c'est un plat … a fait le tour du monde.

2. Le cirque est un spectacle … plaît à tout le monde et … les enfants adorent.

3. Jacques Brel et Édith Piaf sont des chanteurs … sont morts mais … les gens écoutent encore.

4. Ce parc floral est un endroit … les touristes visitent beaucoup et … est riche en fleurs exotiques.

5. M. Dupont a acheté un tableau … a coûté cher, mais … sa femme déteste.

2 Où

« Où » remplace un complément de lieu ou de temps.

▶ **« Où » remplace un complément de lieu.**

Londres est <u>une ville</u>. Il y a beaucoup d'espaces verts <u>dans cette ville</u>.
(complément de lieu)

→ Londres est <u>une ville</u> **où** il y a beaucoup d'espaces verts.

L'étudiant a <u>une grande bibliothèque</u> **où** il range tous ses livres.
(où = dans cette bibliothèque)

▶ **« Où » remplace un complément de temps.**

Octobre, novembre, décembre sont <u>trois mois</u>. Il pleut beaucoup <u>pendant ces mois-là</u>.
(complément de temps)

→ Octobre, novembre, décembre sont <u>trois mois</u> **où** il pleut beaucoup.

Il a fait 40° <u>l'année</u> **où** je suis allé en Grèce.
(où = pendant cette année-là)

COMPAREZ

C'est un musée **où** je suis allée dimanche.
(aller dans un musée)

C'est un musée **que** j'ai visité dimanche.
(visiter un musée)

REMARQUE

Ne confondez pas « ou » et « où » :

*Voulez-vous du thé **ou** du café ?*
*C'est un café **où** je vais souvent.*

---

1) Ne dites pas :
Le jour quand je suis arrivé en France, il pleuvait.
Mais dites :
*Le jour **où** je suis arrivé en France, il pleuvait.*

2) Ne dites pas :
La première fois où j'ai pris l'avion, j'avais trois ans.
Mais dites :
*La première fois **que** j'ai pris l'avion, j'avais trois ans.*

METTRE EN PRATIQUE

3 Reliez les phrases par « où ».

Ex. Un désert est un endroit. Il y a très peu d'eau dans cet endroit.
→ *Un désert est un endroit où il y a très peu d'eau.*

1. Ils étaient en voyage au Mexique un jour. Il y a eu un tremblement de terre ce jour-là.

2. Ma grand-mère est née l'année. La Seconde Guerre mondiale a commencé cette année-là.

3. Près de chez moi il y a une boutique de produits italiens. J'achète souvent des raviolis frais dans cette boutique.

4. On a construit une grande piscine. Des compétitions olympiques peuvent avoir lieu dans cette piscine.

4 Complétez les phrases par « qui, que, où ».

1. Kobé, c'est la ville … Keiko est née.
– Kobé, c'est une ville très ancienne … attire beaucoup de touristes étrangers.
– Kobé, c'est une ville très ancienne … tous les touristes veulent voir.

2. Le 14 juillet 1789, c'est le jour … les Parisiens ont pris la prison de la Bastille.
– Le 14 juillet, c'est maintenant une fête populaire … est célébrée avec des feux d'artifice et des bals dans toutes les villes de France.
– Le 14 juillet, il y a aussi un défilé sur les Champs-Élysées … on peut regarder à la télévision.

110

3 Préposition + « qui / lequel »

▌ Préposition + « qui »

▶ **« Qui » remplace un nom de personne.**

> Voici <u>un ami</u>.　　　　Je fais du sport <u>avec cet ami</u>.
>
> → Voici <u>un ami</u> **avec qui** je fais du sport.

Éric a une <u>amie tunisienne</u> **à qui** il téléphone toutes les semaines.
(téléphoner à quelqu'un)
Les Martin sont <u>des amis</u> **chez qui** nous allons souvent le week-end.
(aller chez quelqu'un)

▌ Préposition + « lequel »

	Masculin	Féminin
Singulier	**lequel**	**laquelle**
Pluriel	**lesquels**	**lesquelles**

ATTENTION à la contraction :
à + lequel → **auquel**
à + lesquels → **auxquels**
à + lesquelles → **auxquelles**
*C'est un projet **auquel** il pense depuis longtemps. (penser à)*

▶ **« Lequel » remplace un nom de chose. Il s'accorde avec le nom qu'il remplace.**

> La pomme de terre est <u>un légume</u>.　　<u>Avec ce légume</u>, on fait de la purée ou des frites.
>
> → La pomme de terre est <u>un légume</u> **avec lequel** on fait de la purée ou des frites.

Regarde <u>ces photos</u> **sur lesquelles** tu verras notre nouveau bateau.

Le professeur m'a posé <u>une question</u> **à laquelle** je n'ai pas pu répondre. (répondre à quelque chose)

REMARQUE
« Lequel » peut aussi remplacer un nom de personne.
*C'est un collègue **avec lequel** je déjeune souvent.*

METTRE EN PRATIQUE

5 Reliez les phrases par « préposition + qui » ou « préposition + lequel ».

Ex. L'Opéra est un monument. Les voitures ne peuvent pas stationner devant ce monument.
→ *L'Opéra est un monument devant lequel les voitures ne peuvent pas stationner.*

1. Fabien a une grosse moto. Il a fait beaucoup de voyages avec cette moto.
– Fabien a une petite amie. Il a fait beaucoup de voyages avec cette amie.

2. J'aimerais voir le directeur. J'ai envoyé mon curriculum vitae au directeur.

3. Elle a installé des étagères. Elle rangera ses livres sur ces étagères.

6 Complétez les phrases par « qui » ou « lequel » (attention à la contraction).

1. C'est un commerçant chez … je vais très souvent.

2. Le Monopoly est un jeu à … je jouais quand j'étais enfant.

3. J'ai une très grande commode dans … je range mes vêtements.

4. Dans le parc, il y a des bancs sur … les personnes âgées et les jeunes mamans aiment s'asseoir.

5. J'ai un cousin à … j'envoie des E-Mail régulièrement.

4 « Dont »

« Dont » remplace un complément avec la préposition « de ».

▶ **« Dont » remplace un nom de personne.**

C'est une <u>jeune actrice</u>.   On parle beaucoup <u>de cette actrice</u> en ce moment.

→ C'est <u>une jeune actrice</u> **dont** on parle beaucoup en ce moment.

Julien a fait la connaissance <u>d'un étudiant américain</u> **dont** le grand-père est français.
(dont = de cet étudiant)

▶ **« Dont » remplace un nom de chose.**

J'ai acheté un <u>téléphone portable</u>.   Je me sers beaucoup <u>de ce téléphone</u> portable.

→ J'ai acheté <u>un téléphone portable</u> **dont** je me sers beaucoup.

C'est <u>un roman</u> **dont** la fin est très triste.
(dont = de ce roman)

COMPAREZ

C'est un film **dont** j'aime beaucoup la musique.   C'est un film **que** j'aime beaucoup.
(aimer la musique de ce film)   (aimer le film)

Qu'est-ce qu'une souris ?

- *C'est un petit animal qui aime le fromage et dont beaucoup de gens ont peur.*

  - *C'est aussi un petit objet qu'on utilise pour cliquer sur un écran d'ordinateur et avec lequel on fait toutes les manipulations.*

METTRE EN PRATIQUE

7 Reliez les phrases par « que » ou « dont ».

Ex. On m'a offert un roman. L'auteur de ce roman est mexicain.
→ *On m'a offert un roman dont l'auteur est mexicain.*

1. Mes voisins ont un gros chien. J'ai très peur de ce gros chien.
– Mes voisins ont un gros chien. Ils ont acheté ce chien en Normandie.

2. Cendrillon est un conte. Tous les enfants connaissent ce conte.
– Cendrillon est un conte. L'héroïne de ce conte a perdu sa chaussure au bal.

3. C'est un parfum de Dior. Je mets très souvent ce parfum.
– C'est un parfum de Dior. J'ai très envie de ce parfum.

8 Compléter les phrases par « qui », « que », « dont », « où ».

1. La Suisse est un pays

   … on parle trois langues

   … fabrique des montres.

   … beaucoup de touristes visitent.

   … est connu pour son chocolat.

   … la capitale est Berne.

   … beaucoup de gens vont skier.

2. Cézanne est un peintre

   … j'aime beaucoup.

   … a vécu dans le Midi de la France.

   … les tableaux sont dans les plus grands musées.

   … Picasso admirait beaucoup.

   … annonce le cubisme.

   sur … beaucoup de livres ont été écrits.

9 Reliez par des flèches.

1. « La guerre des Étoiles » est un film

2. Les Dubois ont adopté une petite fille

3. Jean Vilar est un célèbre metteur en scène

4. Vous me posez une question

5. Il parle souvent de son père

6. Rome est une ville

a. à laquelle je ne sais pas répondre.

b. où il y a beaucoup d'églises.

c. dont les parents sont morts dans un accident de voiture.

d. pour qui il avait une très grande admiration.

e. qui a créé le festival de théâtre d'Avignon.

f. dont les effets spéciaux sont extraordinaires.

10 Complétez par « qui », « que », « dont ».

1. À la gare : avez-vous des billets …

   – … on peut utiliser dans tous les pays d'Europe ?

   – … sont valables trois mois ?

   – … le tarif est intéressant pour les étudiants ?

2. Chez le marchand de journaux : je prends « Le Monde » parce que …

   – c'est le journal … je préfère.

   – c'est un journal … paraît le soir.

   – c'est un journal … les articles sont très sérieux.

DELF   unité A4

11 Complétez ces extraits du courrier des lecteurs.
Utilisez les pronoms relatifs : « qui », « que », « où », « dont ».

1. *Je collectionne les monnaies … ont existé en France. Tous les billets anciens … vous pouvez trouver m'intéressent aussi. Je cherche également des documents … je peux voir des photos de monnaies anciennes. Merci d'avance.*

2. *Je suis à la recherche de cartes postales. Auriez- vous la gentillesse de m'envoyer celles … vous n'avez plus l'usage, ou celles … vous ne gardez pas ou encore celles … sont en mauvais état. J'accepte tout. Merci.*

3. *Je m'appelle Erville. Je recherche des lecteurs … pourraient me donner des informations sur mon prénom. Je sais que c'est celui … porte ma tante … vient de la région du Périgord. Les lecteurs … le prénom ressemble à Erville peuvent m'écrire aussi. Merci*

Une préposition est un mot invariable qui introduit le complément d'un verbe,
d'un adjectif ou d'un nom.

1   À / De

■ Verbes construits avec « à » / « de » { + nom / + infinitif ••

•• Voir le tableau des constructions verbales, p. 174.

Elle <u>téléphone</u> à son ami.
La pluie <u>commence</u> à tomber.

Je me <u>souviens</u> très bien **de** mon premier professeur de français.
Elle a <u>oublié</u> **de** répondre à l'invitation.

▶ **Quelques verbes peuvent se construire avec les deux prépositions :**

Parler < **à** (= dire quelque chose à quelqu'un)   Il **parle à** son ami.
          de (= dire quelque chose au sujet de)   Il **parle de** son ami. Il **parle de** politique.

Jouer < **à** (jeux ou sports)   Il **joue au** football.
         de (instruments de musique)   Il **joue de** la flûte.

Penser < **à** (= avoir dans l'esprit)   Il **pense à** sa famille.
           de (= avoir une opinion)   Qu'est-ce que vous **pensez de** la musique techno ?

■ Adjectifs construits avec « à » / « de »

▶ **Beaucoup d'adjectifs sont suivis de la préposition « de » :** content, sûr, désolé, étonné, …

Jean est <u>content</u>   de son voyage.
                de partir.

▶ **Quelques adjectifs sont suivis de la préposition « à » :** prêt, égal, inférieur, supérieur, pareil, semblable, …

Les joueurs sont <u>prêts</u> à commencer le match.
Aujourd'hui la température est <u>inférieure</u> à 0°.

▶ **Certains adjectifs sont construits avec les deux prépositions.**

C'est / Il est / + adjectif de	Adjectif avec un nom à
<u>C'est facile</u> de faire ce gâteau. <u>Il est interdit</u> de circuler dans cette rue.	Voilà <u>un gâteau facile</u> à faire. <u>Cette rue</u> est <u>interdite</u> à la circulation.

■ Noms construits avec « à » / « de »

▶ **Le deuxième nom précise le sens du premier.**

La bicyclette **de** Marie.   Un sac **à** main.
Une carte **d'**Europe.   Du rouge **à** lèvres.

Pour situer dans le temps et dans l'espace

■ Dans le temps**

Le train partira à 16 h.

Nous sommes **en** hiver.

•• Pour les prépositions de temps, voir le chapitre 24 sur le temps, pp. 124-125.

■ Dans l'espace

▷ **« À » indique où on est, où on va .**

Paul est **à** la maison.

Virginie va **à** la poste.

Nous sommes **au** café.

> Ne dites pas :
> *Il y a un film sur la télévision.*
> Mais dites :
> *Il y a un film **à** la télévision.*

▷ **« De » indique d'où on vient.**

Elle sort **de** l'hôtel.

Paolo vient **de** Milan.

Les touristes sortent **du** musée.

> **REMARQUE**
> « à » + un nom de lieu :
> *J'irai **à** la pharmacie.*
> « chez » + un nom de
> personne :
> *J'irai **chez** le pharmacien.*

▷ **Les prépositions devant les noms géographiques**

– avec un nom de ville :

Mes parents habitent **à** Bordeaux.

Nous allons **à** Marseille.

Elle arrive **d'**Athènes.

L'avion décollera **de** Berlin à midi.

– avec un nom de pays :

Pays où on est / où on va		
« en » + un pays féminin	**« au »** + un pays masculin	attention aux noms pluriels
Je vais **en** Espagne.	Je vais **au** Canada.	Je vais **aux** États-Unis
Il est **en** Chine.	Il est **au** Japon.	Je vais **aux** Pays-Bas
Nous allons **en** Normandie.	Nous allons **au** Portugal.	
Pays d'où on vient		
« de » + un pays féminin	**« du »** + un pays masculin	attention aux noms pluriels
Je viens **d'**Espagne.	Je viens **du** Canada.	Il vient **des** États-Unis
Il vient **de** Chine.	Il vient **du** Japon.	Il vient **des** Pays-Bas
Nous venons **de** Normandie.	Nous venons **du** Portugal.	

ATTENTION

Les noms de pays terminés par un « e » sont féminins, sauf *le Mexique, le Mozambique, le Cambodge.*

Pour les noms de région masculins, on emploie « dans le » :

*J'ai passé les vacances de Noël **dans le** Midi.*

*Mes parents ont un chalet **dans le** Jura.*

Attention à ces noms masculins commençant par une voyelle :

en Iran / **d'**Iran		**en** Israël	/ **d'**Israël
en Irak / **d'**Irak		**en** Afghanistan / **d'**Afghanistan	

▶ **Autres prépositions de lieu :**
dans, chez, sur, sous, vers, par, jusqu'à, près de, loin de, à côté de, en face de, devant, derrière, entre, au milieu de, le long de, ...

Où sont tes clés ? Elles sont **dans** mon sac.

Nous avons marché **le long de** la mer.

Je peux marcher **jusqu'au** métro avec toi.

Il y a une poste **près de** chez moi.

REMARQUE
Chez quelqu'un = dans la maison de quelqu'un :
*Il aime rester **chez** lui le dimanche.*

Ne dites pas :
Je vais à ma maison.
Mais dites :
Je vais à la maison.
Je vais chez moi.

PARLONS !

Les Dupont sont assis sur le canapé.
Le petit Olivier est entre ses deux parents.
La grande sœur d'Olivier est à côté de sa mère.
La plante verte est à droite du canapé.
Le lampadaire est derrière le canapé.
La télévision est en face du canapé.

La table basse est devant le canapé.
Et le chat ? Il dort sous la table.

METTRE EN PRATIQUE

1 Imitez l'exemple.

Ex. La Suisse : → *Je vais en Suisse. / Je viens de Suisse.*
   Le Brésil : → *Je vais au Brésil. / Je viens du Brésil.*

1. La Russie.   **3.** Le Pérou.   **5.** La Grèce.   **7.** L'Australie.

2. L'Argentine.   **4.** Le Maroc.   **6.** Le Liban.   **8.** Les Pays-Bas.

3 Autres prépositions

▶ **Les prépositions sont très nombreuses :**
avec, sans, pour, à cause de, par, comme, ...

Je suis allé au cinéma **avec** des copains.

Je bois toujours mon café **sans** sucre.

Tous mes amis sont venus **sauf** Alex qui était malade.

Qu'est-ce que tu prends **comme** dessert ?

▶ **Quelques prépositions ont plusieurs emplois**

à :   Viens me voir **à** 8h.

Ils ont un chalet **à** la montagne.

Je cherche un studio **à** louer.

N'oublie pas ta brosse **à** dents.

Je vais au bureau **à** pied.

Ce livre est **à** moi.

de :   C'est la voiture **de** Georges.

Le poids du bébé est **de** 4 kilos.

Nous habitons un appartement **de** trois pièces.

Elle a acheté un paquet **de** biscuits.

Il vient **de** Suède.

J'ai acheté une veste **de** cuir.

> **REMARQUE**
> *Une tasse à café.*
> (= elle sert pour le café)
> *Une tasse de café.*
> (= elle est pleine de café)

en :   Nous sommes **en** vacances.

Il fait chaud **en** été.

J'irai à Rome **en** train et non pas **en** voiture.

Elle est toujours **en** pantalon.

Ils vivent **en** Angleterre.

C'est un foulard **en** soie.

Il a fait le trajet Lyon-Marseille **en** trois heures.

par :   **Par** qui a été construite la pyramide du Louvre ?

Il fait de la gymnastique deux fois **par** semaine.

On est allé en Italie en passant **par** la Suisse.

pour :   **Pour** qui est ce cadeau ? **Pour** toi, bien sûr !

Nous partons dimanche **pour** les Baléares.

La bibliothèque est fermée **pour** travaux.

Il a voté **pour** le parti libéral.

J'ai fait du ski **pour** la première fois à l'âge de cinq ans.

vers :   Nous partirons **vers** midi.

Le bateau se dirige **vers** le port.

dans :   Les enveloppes sont **dans** le tiroir du bureau.

Le médecin arrivera **dans** une demi-heure.

> Ne dites pas :
> *Je suis passé pour la rue Vavin.*
> *Je me suis promené pour la ville.*
> *Je me suis promené sur la rue Vavin.*
> Mais dites :
> *Je suis passé par la rue Vavin.*
> *Je me suis promené dans la ville.*
> *Je me suis promené dans la rue Vavin.*

Remarques générales

▶ **On doit répéter les prépositions « à » et « de » devant chaque complément :**

Je vais écrire à ma mère et à mon ami Paul.

Nous avons repeint les chambres de Jean et de Pierre.

▶ **Remarquez la répétition de la préposition dans la réponse à une question :**

À quelle heure le train arrivera-t-il ? À 8 h 30.

À quoi sert cet appareil ? À faire des jus de fruit.

De quoi parlez-vous ? De la situation internationale.

Avec qui es-tu allé à la piscine ? Avec Julien.

PARLONS !

Comment payer vos achats ?

La vendeuse :   Vous payez comment, Madame ? Par chèque ou en espèces ?

La cliente :   Je préfère payer avec ma carte de crédit.

La vendeuse :   En francs ou en euros ?

La cliente :   En euros, bien sûr !

METTRE EN PRATIQUE

2 Complétez par une des prépositions suivantes.

a. « à, entre, dans » :

1. Il y a de belles statues … cette église.

2. Barbara est assise … John et Lucia.

3. Je dois aller chercher mon ami … l'aéroport.

4. On a rendez-vous … le café de la Mairie à midi.

b. « par, à, chez, devant » :

1. Va acheter du pain … la boulangerie.

2. J'irai … le coiffeur demain.

3. J'ai rencontré un ami … l'université.

4. On passera … Lyon pour aller à Marseille.

3 Complétez par la préposition qui convient : « pour, à cause de, près de, autour de, avec, en, dans ».

1. Je voudrais une table … quatre personnes.

2. Je vais tous les jours à mon cours … métro.

3. Je n'arrive pas à dormir … le bruit.

4. … ce château, il y a un mur très haut.

5. Grâce à Internet, on peut communiquer … le monde entier.

6. La maison des Dupont ? C'est celle qui se trouve … le supermarché, … la première rue à droite.

4 Complétez les phrases par les verbes suivants au présent :

a. « être content de, avoir besoin de, apprendre à, penser à » :

1. Est-ce que tu … ce dictionnaire ?

2. Quand on est loin de chez soi, on … sa famille.

3. Dans mon pays, on … lire à 6 ans.

4. Il … son nouveau travail.

b. « écrire à, parler de, commencer à, finir de » :

1. Nous … dîner et nous allons au cinéma après.

2. Rita … bien parler français.

3. Toutes les semaines, il … parents.

4. Elle est très amoureuse de Vincent. Elle … lui sans arrêt.

5 Cochez la réponse correcte.

1. Ma chambre est au / sur troisième étage.

2. On passe souvent de vieux films sur / à la télévision.

3. J'ai oublié mon parapluie sur / dans le train.

4. Il y a eu un accident dans / sur la rue des Acacias.

5. Elle va une fois par semaine au / chez le coiffeur.

6. J'irai à Bordeaux en / par voiture.

7. Il y a beaucoup de forêts en / dans la France.

8. Elle est née dans / au le mois d'avril.

9. Il y a plusieurs options pour ce séjour aux Caraïbes ; pour / par exemple chambre + petit déjeuner ou pension complète ou demi-pension.

10. Beaucoup de gens prennent leurs vacances dans / en été.

DELF   unité A3

6 Complétez le texte avec les prépositions qui conviennent : « à, de, avec, pour, après, en, par, dans ».

Stéphanie s'arrête … travailler la nuit.

Depuis trois ans, Stéphanie travaille de nuit … une entreprise, … 21 heures … 5 heures du matin. … septembre, elle va reprendre un rythme normal … travail. Pourtant, Stéphanie avait commencé … travailler volontairement la nuit … deux autres filles … son usine. Elle gagnait 230 euros … plus … mois. Mais Stéphanie a dû apprendre … moins dormir, … exemple, … continuer … avoir une vie … la sortie … l'usine. Stéphanie a décidé … demander son changement … horaire à cause … la fatigue. Elle veut aussi s'occuper davantage … sa fille. Elle va reprendre le travail … équipe … 13 heures … 20 heures 30. Elle aura plus … temps.

L'adverbe est un mot invariable qui modifie le sens d'un adjectif, d'un adverbe, d'un verbe ou d'une phrase.

1

Emploi et place des adverbes

L'adverbe précise le sens de :

▶ **un adjectif ou un autre adverbe**

L'adverbe est placé **devant** cet adjectif ou cet adverbe.

Mon café n'est pas assez sucré.

Pierre est arrivé trop tard. Tout le monde était parti.

▶ **un verbe**

L'adverbe est généralement placé **après** le verbe.

Inès parle couramment français.

Quand il était enfant, il jouait très bien du piano.

Mais aux temps composés, les adverbes **bien, mal, mieux, déjà, assez, trop, beaucoup, presque, toujours** sont placés entre l'auxiliaire et le participe passé.

Nous dormons bien.	→	Nous avons bien dormi.
Il marchait beaucoup.	→	Il a beaucoup marché.
Elle parle trop.	→	Elle a trop parlé.

> Ne dites pas :
> *Il souvent déjeune dans ce café.*
> *Il toujours fume des cigares.*
> *Toujours il fume des cigares.*
> *Il aussi a une Renault.*
> *Aussi il a une Renault.*
> Mais dites :
> *Il déjeune souvent dans ce café.*
> *Il fume toujours des cigares.*
> *Il a aussi une Renault.*

▶ **une phrase**

La place de l'adverbe est **variable**.

Hier, j'ai rencontré Janine à la bibliothèque.

ou J'ai rencontré Janine hier à la bibliothèque.

Elle a perdu son carnet de chèques. Heureusement, elle a une bonne assurance.

ou Elle a une bonne assurance, heureusement !

METTRE EN PRATIQUE

1 Mettez les phrases au passé composé.

Ex. Jean travaille bien. → *Jean a bien travaillé.*

1. Cet homme boit trop.
2. Le bébé ne mange pas assez.
3. Marielle rit beaucoup.
4. Nous sortons vite du magasin.
5. Jean ne lit pas beaucoup.

Sens des adverbes

Ils expriment :

La manière

▶ **Adverbes en « -ment »**

Ils sont formés sur le féminin des adjectifs.

seul   → seule   → **seulement**
heureux → heureuse → **heureusement**
complet → complète → **complètement**
négatif → négative → **négativement**

L'homme marchait **rapidement** dans la rue.

Ce sont de bons amis ; ils se voient **régulièrement**.

Exception

Les adverbes formés sur les adjectifs terminés par « -ent » ou « -ant » ont une terminaison en « -emment » ou « -amment »

évident → **évidemment**
courant → **couramment**

Il parle **couramment** trois langues.

On a découvert une grotte préhistorique **récemment**.

▶ **Autres adverbes :** bien, mieux, mal, vite, ...

L'homme marchait **vite**.

Pierre joue **mieux** aux échecs que moi.

L'intensité et la quantité**

▶ **Assez, aussi, autant, beaucoup, moins, peu, un peu, plus, très, trop, si, tellement, ...**

J'aime **beaucoup** la glace au café.

Il a travaillé **un peu** et il est sorti.

Il avait **tellement** soif qu'il a bu un litre d'eau.

REMARQUE

Quelques adjectifs sont employés comme des adverbes. Ils sont invariables :
Ces fleurs sentent bon.
Cette voiture coûte cher.

Ne dites pas :
Ce train est vite.
Mais dites :
Ce train est rapide.
Ce train va vite.

ATTENTION
« emment » se prononce [amã]

REMARQUE

Je veux bien.   = *J'accepte.*
J'aimerais bien.
Je voudrais bien. ⟩ = *Je désire.*

Ne confondez pas « très » et « trop ».

Ne dites pas :
Le ciel est trop bleu.
Mais dites :
le ciel est très bleu.

Ne dites pas :
Cette jupe ne me va pas ; elle est très grande pour moi.
Mais dites :
... elle est trop grande pour moi.

•• Pour l'expression de la quantité, voir le chapitre 17, p. 88.

PARLONS !

– *Vous aimeriez partir quinze jours sur une île déserte ? Oh oui, j'aimerais bien !*
– *Tu veux encore une tasse de thé ? Oui, je veux bien, merci.*
– *Les enfants, vous voulez un petit chat à la maison ? Oh oui, on voudrait bien !*
– *Maman, on peut aller faire du roller ? D'accord, je veux bien.*

■ Le temps[•°]

•• Voir le chapitre 24 sur le temps, p. 128.

▶ **La localisation :** hier, aujourd'hui, demain, tôt, tard, …
J'irai voir Sophie **demain.**

▶ **La fréquence :** toujours, souvent, quelquefois, …
Le directeur est **toujours** dans son bureau à 8 heures.

▶ **La succession :** d'abord, ensuite, enfin, avant, après, …
Allons **d'abord** déjeuner, **puis** on ira faire des courses.

■ Le lieu

▶ **Autour, devant, derrière, dessus, dessous, dehors, partout, …**
En France le 1er mai, on vend du muguet **partout.**

▶ **« Ici »** et **« là » :** ces adverbes s'emploient quand on veut distinguer deux endroits.
Ici, je vais mettre mon ordinateur et **là**, je mettrai l'imprimante.

Dans la langue courante, on emploie plus souvent **« là »** que **« ici ».**
« Allô, je voudrais parler à M. Level » – « Désolé, il n'est pas **là**. »

Micro-trottoir

Alors, comment avez-vous trouvé les fêtes de l'an 2000 à Paris ?

Étudiante :
« C'était vraiment super ! Je me suis bien amusée. »

Vieux monsieur :
« Oh ! bien sûr, ce n'était pas une fête pour les vieux ! Moi, je suis resté tranquillement à la maison et j'ai regardé la télévision. »

Enfant :
« On est sortis après le dîner avec mes parents. D'abord, on s'est promenés près de la Seine, puis on est arrivés à la tour Eiffel. Alors, on a vu le feu d'artifice. C'était absolument formidable ! En rentrant, on s'est complètement perdus dans les petites rues. J'étais drôlement fatigué mais très, très content !

METTRE EN PRATIQUE

2 Imitez l'exemple.

Ex. Il fait un travail régulier. Il travaille … → *Il travaille régulièrement.*

1. Il a une vie simple. Il vit … .
2. Le professeur donne des explications claires. Il explique … .
3. Elle parle d'une voix douce. Elle parle … .
4. C'est un étudiant attentif. Il écoute … .
5. Il marche à pas lents. Il marche … .

122

3 Placez l'adverbe dans la phrase.

Ex. (souvent). Quand j'étais à l'hôpital, Gabriel est venu me voir.
→ *Quand j'étais à l'hôpital, Gabriel est souvent venu me voir.*

1. (toujours). Émilie est souriante.

2. (souvent). Il va au concert.

3. (aussi). Mon père a une voiture. Ma mère en a une.

4. (toujours). Les Legrand ont habité à Marseille.

5. (malheureusement). Nous voulons sortir. Il pleut.

4 « Très » ou « trop » ? Cochez la réponse correcte.

1. Cette actrice est vraiment ☐ très / ☐ trop belle.

2. Ce pantalon est ☐ très / ☐ trop petit pour Arlette.

3. La poste est ☐ très / ☐ trop loin de chez moi.

4. Cette valise est ☐ très / ☐ trop lourde pour moi, je ne peux pas la porter.

5. La vieille dame marchait ☐ très / ☐ trop lentement et elle a manqué son autobus.

6. Il fait ☐ très / ☐ trop froid pour se baigner aujourd'hui.

5 Complétez par les adverbes suivants : « mal, beaucoup, évidemment, trop, vraiment, très ».

1. Attention ! Tu conduis … vite !

2. Il parle … bien français. On le prend pour un Français.

3. Mmm ! Ce coq au vin est … bon ! Je peux en reprendre ?

4. Comment vas-tu ? Oh, ça va …, j'ai attrapé un rhume.

5. Tu aimes le coca ? Non, pas … ! Je préfère la limonade.

6. Tu as compris ? … c'est tellement simple !

DELF unité A3

6 Complétez avec les adverbes suivants : « bien, précisément, vite, complètement, efficacement, trop ».

Pour étudier …, achetez un bon équipement multimédia. Idéal pour … travailler mais attention de ne pas … jouer avec ! Choisissez un appareil puissant pour aller …. Attention de ne pas acheter un matériel qui sera … démodé dans quelques mois. La solution : identifier … ses besoins et l'utilisation qu'on fera de l'ordinateur.

7 Remplacez l'adverbe « bien » par un adverbe de votre choix.

Sabine ne parle pas bien anglais mais elle comprend bien. Elle aimerait bien obtenir une bourse pour passer un an en Angleterre. Elle a des chances car elle travaille bien et ses professeurs l'apprécient bien.

LE TEMPS

Pour situer une action dans le passé, le présent ou le futur,
on peut employer de très nombreux moyens d'expression.

1 Pour localiser dans le temps

La date

Quel jour sommes-nous ? Nous sommes **le samedi 1ᵉʳ janvier 2000**.

Ils se sont mariés **le 8 juillet 1995**.

En France, il pleut souvent **au mois de novembre / en novembre**.

Les Legrand ont fêté leurs vingt-cinq ans de mariage **en 1996**.

La Tour Eiffel a été construite **au XIXᵉ siècle**.

L'heure

0 heure ⟷ 12h / midi ⟷ 24h / minuit

Il est midi.   Il est minuit.

	Heure officielle (Train, avion, administration)	Vie quotidienne
2 h 00	Il est deux heures.	Il est deux heures (du matin)
2 h 15	Il est deux heures quinze.	Il est deux heures et quart.
4 h 30	Il est quatre heures trente.	Il est quatre heures et demie.
15 h 10	Il est quinze heures dix.	Il est trois heures dix (de l'après-midi).
16 h 45	Il est seize heures quarante-cinq.	Il est cinq heures moins le quart.
19 h 40	Il est dix-neuf heures quarante.	Il est huit heures moins vingt.

**Aline a rendez-vous avec Benoît
à 4 heures de l'après-midi.**

Elle arrive à 4 h. **Elle est à l'heure.**

Elle arrive à 4 h et demie. **Elle est en retard.**

Elle arrive à 4 h moins dix. **Elle est en avance.**

L'horloge de la gare indique 20 h 16.

Ma montre indique aussi 20 h 16. **Elle est à l'heure.**

Ma montre indique 20 h 13. **Elle retarde de 3 mn.**

Ma montre indique 20 h 20. **Elle avance de 4 mn.**

Les saisons

En < été
automne   **Au** printemps
hiver

ATTENTION à la liaison avec « en » :
en été / en hiver / en automne

Les feuilles des arbres tombent **en automne**.
Au printemps, les oiseaux chantent.

Quelques indicateurs de temps très fréquents

Passé	Présent	Futur
hier	aujourd'hui	demain
la semaine dernière	cette semaine	la semaine prochaine
à ce moment-là	en ce moment	à ce moment-là
autrefois	maintenant	bientôt

▶ **Passé**

Hier, il a fait un temps splendide.

En 1993, Marc était étudiant ; **à ce moment-là**, il n'était pas marié.

▶ **Présent**

Aujourd'hui, il fait un temps splendide.

Il y a une belle exposition de photos **en ce moment** au Centre Pompidou.

▶ **Futur**

Demain, il fera sûrement un temps splendide.

Au mois de mai, j'aurai une semaine de vacances et j'irai voir Mary à San Francisco **à ce moment là**.

METTRE EN PRATIQUE

1 Répondez aux questions.

1. Quelle est votre date de naissance ?

2. Quelle heure est-il ?

3. En quelle année sommes-nous ?

4. En quelle saison est-ce qu'on fait du ski ?

5. Dans quel siècle est-ce qu'on a inventé le cinéma ?

2 Placez l'indicateur de temps qui convient.

a. « cette semaine, la semaine prochaine, la semaine dernière ».

1. … j'ai entendu à la radio une très bonne émission sur le problème des grandes villes.

2. … le sujet de la même émission est la musique à l'école.

3. … les animateurs parleront de la culture hip-hop.

b. « à ce moment-là, en ce moment ».

1. Dans les années 70, c'était la mode hippie, … les garçons avaient tous les cheveux longs.

2. … c'est la mode unisexe. Filles et garçons portent les mêmes vêtements.

3. Dans 10 ans, qu'est-ce qui sera à la mode … ?

Pour situer dans le passé ou le futur

■ Dans le passé

▶ **Il y a**

« **Il y a** » indique la durée écoulée entre une action terminée (le verbe est généralement au passé composé) et le moment présent.

Pierre a eu 20 ans en janvier. Nous sommes en avril. → Pierre a eu 20 ans il y a trois mois.

Janvier ◄——————► Avril
trois mois

Quand est-ce que vous avez acheté votre maison ? Nous l'avons achetée il y a cinq ans.

▶ **Déjà**

« **Déjà** » insiste sur un fait terminé au moment où on parle.

Il est déjà huit heures du soir. Il faut que je rentre à la maison pour dîner.

« **Déjà** » est souvent employé avec un verbe au passé composé.

J'adore la Grèce ! J'y suis déjà allé trois fois.

Vous avez déjà mangé du canard à l'orange ?

COMPAREZ

Cet homme a 70 ans. Il a les cheveux blancs.   Cet homme a 30 ans. Il a déjà des cheveux blancs.

  (à 70 ans, il est normal d'avoir les cheveux blancs)   (à 30 ans, il est trop jeune pour avoir des cheveux blancs)

▶ **Depuis**

« **Depuis** » indique le début d'une action qui dure encore.

les vacances de Noël.

Depuis quand es-tu à Paris ? J'y suis depuis ◄—— le 1er janvier.

l'été.

J'apprends le français depuis trois mois.

« **Depuis** » peut être employé avec un passé composé. Dans ce cas-là, l'action passée a un résultat dans le présent.

Giorgio a quitté son pays depuis deux ans.

  (=il n'est plus dans son pays maintenant)

▶ **Il y a ... que / Ça fait ... que** + l'indication d'une durée = depuis

Ces expressions sont toujours placées au début de la phrase.

Il y a trois mois que j'apprends le français.

Ça fait deux ans que Giorgio a quitté son pays.

Dans le futur

▶ **Dans**

« **Dans** » indique la durée qui va s'écouler entre le moment présent et une action dans le futur.

Il est **10 h**. L'avion va décoller à **10 h 10**.   → L'avion va décoller **dans** dix minutes.

10 h ◄————————► 10 h10
dix minutes

Monsieur Legrand est en voyage d'affaires. Il reviendra **dans** quelques jours.

▶ **Jusqu'à / jusqu'en**

« **Jusqu'à** » indique une date limite dans le temps.

jusqu'à la fin de juillet.

Peter restera à Nice **jusqu'au** 1er juillet.

jusqu'en juillet.

PARLONS !

Christophe va partir :
Il reviendra *dans cinq minutes.*
tout à l'heure.
ce soir.
demain.
dimanche.
la semaine prochaine.

Ses amis lui disent : *« À bientôt Christophe ! »*
À tout à l'heure !
À ce soir !
À demain !
À dimanche !
À la semaine prochaine !

METTRE EN PRATIQUE

3 Complétez par « il y a » ou « depuis ».

Ex. Elle a déménagé … deux ans.   → *Elle a déménagé il y a deux ans.*
Ex. Elle habite boulevard Saint Michel … le 1er avril. → *Elle habite boulevard Saint Michel depuis le 1er avril.*

1. Quel mauvais temps ! Il pleut … trois jours.

2. J'ai vu ce film … un mois.

3. J'habite dans un petit studio boulevard Raspail … le 15 mai.

4. Paul a eu un accident de voiture … trois semaines et il est encore à l'hôpital.

4 Répondez aux questions en employant « il y a … que » ou « ça fait … que ».

Ex. Depuis combien de temps ce tunnel est-il ouvert ? (dix ans)
→ *Il y a dix ans que ce tunnel est ouvert.*   ou   *Ça fait dix ans que ce tunnel est ouvert.*

1. Depuis combien de temps est-ce que Pierre a terminé ses études ? (six mois)

2. Depuis combien de temps les travaux dans la rue ont-ils commencé ? (trois semaines)

3. Depuis combien de temps Isabelle fait-elle du cheval ? (quatre ans)

3   Pour indiquer la durée, la fréquence et une succession d'actions

■ La durée

▶ **Pendant :** indique une durée.

J'ai fait
Je fais   de la gymnastique **pendant** une heure.
Je ferai

Pendant les vacances, j'ai pris beaucoup de photos.

> **Ne dites pas :**
> *J'ai dormi pour dix heures.*
> **Mais dites :**
> *J'ai dormi pendant dix heures.*

▶ **De ... à :** indique une tranche horaire.

Le médecin est à son cabinet **de** 14 h **à** 19 h.

> **REMARQUE**
> Devant une durée chiffrée, on supprime souvent « pendant » :
> *J'ai dormi pendant dix heures.*
> **ou**
> *J'ai dormi dix heures.*

▶ **En :** indique le temps nécessaire pour faire quelque chose.

On fait la visite du Mont Saint Michel **en** un après-midi.
Le garagiste a réparé ma voiture **en** deux heures.

▶ **Pour :** indique une durée prévue.

Marie n'est pas là ; elle est en Sicile **pour** quinze jours.
(= elle a l'intention de rester quinze jours)

Nous étions partis en vacances **pour** un mois mais nous avons dû rentrer plus tôt parce que Vincent a eu un accident.

■ La fréquence

▶ **Toujours**

Je bois **toujours** mon café sans sucre.
(= chaque fois)

> **REMARQUE**
> « Toujours » peut aussi avoir le sens de « encore » :
> *Vous habitez toujours rue Monge ou vous avez déménagé ?*

▶ **Souvent / quelquefois / de temps en temps**

Je vais **souvent** au restaurant avec des amis.
(= deux ou trois fois par semaine)
Je vais **quelquefois** au restaurant avec des amis.
(= 1 ou 2 fois par mois)
Je vais **de temps en temps** au restaurant avec des amis.
(= 2 ou 3 fois par an)

> ☞ ATTENTION ! n'écrivez pas :
> *quelquefois.*

▶ **Tous les jours / tout le temps / toute la journée**

Il va **tous les jours** à la bibliothèque.
(= chaque jour)

Le bébé est sûrement malade : il pleure **tout le temps**.
(= sans arrêt)

Hier, il a plu **toute la journée**.
(= du matin jusqu'au soir)

> **REMARQUE**
> Pour marquer un moment précis dans le temps, on emploie le démonstratif à la place de l'article :
> *Ce soir, j'irai au cinéma.*

▶ **Le matin, le soir, le jeudi, le dimanche, ...**
L'article défini indique l'habitude.

En France, les enfants ne vont pas à l'école **le mercredi**.
Le soir, je me couche tôt parce que **le matin**, je me lève à 6h.

> ☞ ATTENTION ! ne dites pas :
> *dans le matin, dans le soir*

▶ **Par jour, par mois, ...** (= chaque jour, chaque mois, ...)

Vous prendrez ce médicament deux fois **par jour**.

Une jeune fille au pair travaille vingt heures **par semaine**.

■ Une succession d'actions

▶ **D'abord, puis, ensuite, après, enfin**

Hier, j'ai déjeuné au restaurant. J'ai pris **d'abord** une assiette de crudités, **puis** un poulet au curry, **ensuite** du fromage et **enfin** une glace au chocolat.

▶ **Avant**

– **« Avant »** + nom :

Soyez prudents ! Rentrez **avant** la nuit !

Inscrivez-vous **avant** le 15 octobre.

– **« Avant de »** + infinitif (la même personne fait les deux actions) :

Ils ont beaucoup réfléchi **avant de** partir travailler en province.

Je lis toujours un peu **avant de** m'endormir.

▶ **Après**

– **« Après »** + nom :

Après le cours, on ira prendre un café avec des camarades.

– **« Après »** + infinitif passé (la même personne fait deux actions l'une après l'autre) :

Nous dînerons et après nous regarderons la télévision.
→ **Après avoir dîné**, nous regarderons la télévision.

Il est parti en vacances **après avoir fini** ses examens.

> **REMARQUE**
> L'infinitif passé se forme avec l'auxiliaire à l'infinitif et le participe passé :
> *avoir donné*
> *être sorti(es)*

METTRE EN PRATIQUE

5 Répondez aux questions en employant « pendant » ou « il y a ».

Ex. Debbie, <u>quand</u> es-tu allée au Japon ?
→ *J'y suis allée <u>il y a</u> trois ans.*

Debbie, <u>pendant</u> combien de temps es-tu restée au Japon ?
→ *J'y suis restée <u>pendant</u> un mois.*

1. Catherine, quand as-tu quitté le Canada ?
– Catherine, tu as habité pendant combien de temps au Canada ?

2. Sylvia, pendant combien de temps est-ce que tu as fait de la danse ?
– Sylvia, quand as-tu arrêté de faire de la danse ?

3. Xavier et Sabine sont restés pendant combien de temps à Tahiti ?
Quand est-ce qu'ils sont revenus de Tahiti ?

6 Trouvez la bonne préposition.

a. « jusqu'à, en, dans, avant » :

1. Quand partirez-vous aux USA ? ... trois semaines.

2. Tu as mis longtemps à faire ta dissertation ? Non, je l'ai faite ... trois heures.

3. Ce supermarché reste ouvert ... 22 h tous les vendredis.

4. J'ai le temps d'acheter un journal ... le départ du train.

b. « pour, après, avant de, il y a ... que » :

1. Julien est chez lui jusqu'à 10 h. Appelle-le ... partir.

2. ... un an ... je suis installé à Grenoble et tout l'hiver, j'ai fait du ski le week-end.

3. En France, les députés sont élus à l'Assemblée Nationale ... cinq ans.

4. ... le déjeuner je prends toujours un café.

4 La proposition subordonnée de temps

Elle est introduite par une conjonction de temps.

▶ **Quand**

– C'est la conjonction la plus employée. Elle indique un moment dans le temps présent, futur ou passé.

Présent :   **Quand** il <u>fait</u> froid, on porte des vêtements chauds.

Passé :   Il pleuvait **quand** je <u>suis sorti</u>. ·

Futur :   Tu fermeras bien la porte **quand** tu <u>partiras</u>.

– Quand la proposition subordonnée est au passé composé, au plus-que-parfait ou au futur antérieur, elle indique que l'action a lieu avant l'action de la proposition principale.

Action 1		Action 2
Quand il <u>a fini</u> son travail, (passé composé)	→	Éric <u>sort</u> avec ses copains. (présent)
Quand il <u>avait fini</u> son travail, (plus-que-parfait)	→	Éric <u>sortait</u> avec ses copains. (imparfait)
Quand il <u>aura fini</u> son travail, (futur antérieur)	→	Éric <u>sortira</u> avec ses copains. (futur)

▶ **Pendant que**

Deux actions ont lieu en même temps dans le passé, le présent et le futur.

On a volé notre voiture **pendant que** <u>nous étions au théâtre</u>.

Les enfants jouent dans le jardin **pendant que** <u>je prépare le dîner</u>.

Le musée sera fermé **pendant** qu'<u>on y installera la climatisation</u>.

▶ **Depuis que**

Cette conjonction indique le début d'une action qui dure encore dans le présent ou dans le passé.

Elle joue du piano tous les jours **depuis** qu'<u>elle a cinq ans</u>.

Depuis qu'<u>elle allait à la piscine</u> tous les jours, elle n'avait plus mal au dos.

> **REMARQUE**
>
> Quand les deux verbes ont le même sujet, on emploie le gérondif à la place de la subordonnée introduite par « quand » et « pendant que ».
>
> *Pauline est tombée **quand** elle descendait l'escalier du métro.*
>
> → *Pauline est tombée **en descendant** l'escalier du métro.*
>
> *Elle téléphone **pendant** qu'elle marche.*
>
> → *Elle téléphone **en** marchant.*

METTRE EN PRATIQUE

7 Mettez le verbe au temps qui convient.

1. Quand tu (être) à New York, va visiter la statue de la Liberté !

2. Quand il (sortir), André a fermé sa porte à double-tour.

3. Un orage a éclaté pendant que nous (visiter) la ville.

4. Depuis qu'elle (avoir) un chien, la vieille dame se sentait moins seule.

5. Quand nous (dîner), nous ferons une partie de poker.

6. Nos enfants iront en colonies de vacances pendant que nous (faire) un voyage au Canada.

7. Depuis qu'il (faire du judo), le petit Alex est beaucoup moins timide.

8 Trouvez l'expression de temps qui convient : « depuis, toujours, quelquefois, ça fait, souvent ».

1. Il faut … faire attention en traversant la rue.

2. J'ai faim ! Je n'ai rien mangé … hier soir.

3. Généralement à Paris, je prends le métro, mais … je prends un taxi.

4. Elle adore la musique ; elle va très … au concert.

5. Quel mauvais temps ! … trois jours qu'il pleut !

9 Complétez le texte avec les expressions de temps : « tous les ans, souvent, pendant, en, d'abord, depuis, ça faisait … que, puis, par, quand ».

J'ai rencontré Émiko … 1975. J'étais son professeur de français. … elle est arrivée à Paris, elle était très timide. Elle a habité … dans un foyer d'étudiantes. Elle sortait seulement pour suivre ses cours, deux heures … jour. … elle a loué une chambre dans une famille qui lui a fait rencontrer des jeunes de son âge. Elle sortait très … avec eux. Émiko est restée … deux ans en France. … son séjour à Paris, Émiko m'écrit … pour le Nouvel An. Il y a un mois, elle est revenue à Paris avec son mari et ses deux enfants. … 25 ans … nous ne nous étions pas vues.

10 Reliez par une flèche.

1. Aujourd'hui, six milliards d'êtres humains sur la terre !	a. depuis 1948.
2. Hong-Kong a été une colonie anglaise	b. pour sept ans.
3. Louis XIV est mort en 1715	c. jusqu'en 1997.
4. D'après la Constitution de 1958, le président de la République française est élu	d. Quelle sera la population mondiale dans 50 ans ?
5. La Corée est divisée en deux États	e. aux XIIe et XIIIe siècles.
6. La cathédrale Notre-Dame de Paris a été construite	f. après avoir régné plus de 50 ans sur la France.

DELF unité A4

11 Posez les questions permettant d'avoir les informations soulignées sur le moment ou la durée, dans l'article suivant.

À l'âge de 38 ans, Alain Damanche a vécu une aventure peu ordinaire. Le 13 juillet 1998, dans son bus, il a conduit l'équipe de France de football fêter sa victoire de la coupe du monde. Arrivé à 12 h 30 au siège de la Fédération Française de Football, il a attendu les joueurs pendant deux heures. À 14 h 30, le bus est parti en direction des Champs-Élysées. Ça faisait longtemps qu'il n'y avait pas eu un tel spectacle à Paris et Alain n'avait pas connu une telle émotion depuis son enfance. Les gens faisaient tout pour toucher le car. Il avançait de deux mètres et restait bloqué dix minutes. Au bout d'une heure et demie de folie, ils ont décidé de changer de route. Ils ont fait un kilomètre en une heure et demie !

Exemple :

1. À quel âge est-ce qu'Alain Damanche a vécu cette aventure ?

2. … ?

…

La cause donne une explication. La conséquence indique un résultat.
Une cause est toujours en relation avec une conséquence.

1 La cause

■ On répond à la question « pourquoi » en employant :

▶ **« Parce que » + verbe à l'indicatif**

Julien est en retard. Pourquoi ? **Parce que** son réveil n'a pas sonné.

Le taxi a refusé de nous prendre **parce que** nous avions un chien.

▶ **« À cause de » + nom / pronom**

La cause exprime une idée négative.

Hier, on circulait mal. Pourquoi ? **À cause de** la neige.

J'ai mal dormi **à cause du** bruit de la rue.

Dépêche-toi ! On va rater le train **à cause de** toi.

▶ **« Grâce à » + nom / pronom**

La cause a un résultat positif.

Au XXe siècle, la vie a complètement changé **grâce à** l'électricité.

Merci de votre aide. **Grâce à** vous, j'ai trouvé un travail rapidement.

On ne commence pas une phrase par « parce que ».

Ne dites pas :
Parce que je suis malade, je ne vais pas au bureau.

Mais dites :
*Je ne vais pas au bureau **parce que je suis malade.***

Ne dites pas :
J'ai fermé la fenêtre à cause d'avoir froid
J'ai fermé la fenêtre à cause de j'ai froid.

Mais dites :
*J'ai fermé la fenêtre **à cause du** froid.*
*J'ai fermé la fenêtre **parce que** j'ai froid.*

Pourquoi Monsieur Legrand n'est-il pas dans son bureau ?

C'est parce qu'il est allé boire un café.
C'est parce qu'il bavarde avec une collègue.
C'est parce que le Directeur l'a appelé.

C'est à cause de la naissance de son premier enfant.
C'est à cause de la grève des trains.
C'est à cause d'un rendez-vous chez le dentiste.

La vie à deux :

C'est à cause de lui que j'ai quitté mes parents.
C'est à cause de lui que je suis malheureuse.
C'est à cause de lui que j'ai déjà des cheveux blancs.

C'est grâce à lui que j'ai visité beaucoup de pays.
C'est grâce à lui que j'ai découvert la musique tzigane.
C'est grâce à lui que j'ai connu le bonheur.

■ On peut aussi exprimer la cause en employant :

▶ **« Puisque » + verbe à l'indicatif**

La relation entre la cause et la conséquence est évidente pour la personne qui dit ou qui entend la phrase.

Puisque tu <u>es italien</u>, tu as un passeport européen.
  (cause)   (conséquence)

Puisque les avions <u>étaient complets</u>, nous avons pris le train.

▶ **« Car »**

Ce mot de liaison est placé entre la conséquence et la cause ; il est employé surtout à l'écrit.

Les gens du Nord vont souvent dans les pays méditerranéens **car** il n'y a pas beaucoup de soleil chez eux en hiver.   (conséquence)   (cause)

– Puisque tu n'as rien à faire, aide-moi donc !

– Puisqu'il n'a pas de taxis, rentrons à pied !

– D'où viens-tu ?
– De Tahiti !
 – Ah, c'est pour ça que tu es bronzé !

– Ça ne va pas ?
– Non, on m'a volé mon vélo !
 – Ah, c'est pour ça que tu fais cette tête.

METTRE EN PRATIQUE

1 Imitez le modèle.

Ex. Il a pris de l'aspirine. Pourquoi? (avoir mal à la tête)
→ *Il a pris de l'aspirine parce qu'il avait mal à la tête.*

1. Elle a ouvert la fenêtre. Pourquoi ? (avoir trop chaud)

2. En France, on ne travaille pas le 14 juillet. Pourquoi ? (célébrer la fête nationale)

3. Nous allons faire cuire des œufs durs. Pourquoi ? (vouloir préparer une salade niçoise)

4. Hélène et André déménagent. Pourquoi ? (avoir un deuxième enfant)

2 Complétez les phrases avec « parce que, à cause de » ou « grâce à ».

1. La voiture a dérapé … elle allait trop vite.
– La voiture a dérapé … la pluie.

2. Beaucoup de branches sont tombées … une violente tempête.
– Beaucoup de branches sont tombées … il y a eu une violente tempête.

3. Le médecin peut être joint à n'importe quelle heure … son portable.
– Le médecin peut être joint à n'importe quelle heure … il a toujours son portable sur lui.

133

2 La conséquence

On exprime la conséquence par :

▪ Un mot de liaison placé entre la cause et la conséquence

▶ **Donc**

Dominique est malade, **donc** elle reste chez elle.

(cause)   (conséquence)

Le Président de la République est mort, **donc** il y aura des élections en mai prochain.

> **ATTENTION** Il faut prononcer le « c » de « donc ». [dõk]

> **REMARQUE**
> « Donc » peut être placé après le verbe :
> … *il y aura* **donc** *des élections en mai.*

▶ **Alors**

Vous avez 18 ans, **alors** vous pouvez passer votre permis de conduire.

Victor a réussi son bac, **alors** on va boire du champagne !

▶ **C'est pour ça que**

Je me suis trompé d'adresse. **C'est pour ça que** ma lettre n'est pas arrivée.

En Normandie, il pleut beaucoup. **C'est pour ça que** l'herbe est très verte !

▪ Tellement ... que / Si ... que

Ces mots insistent sur l'intensité ou la quantité.

▶ **« Si / tellement » + adjectif / adverbe**

Le bruit dans la discothèque était très fort. On ne pouvait pas discuter.

→ Le bruit dans la discothèque était **si** <u>fort</u> **qu'**on ne pouvait pas discuter.

Ma sœur habite très loin. Nous ne nous voyons pas souvent.

→ Ma sœur habite **tellement** <u>loin</u> **que** nous ne nous voyons pas souvent.

▶ **« Tellement de » + nom + que**

Il y a beaucoup de papiers dans le tiroir. Je ne peux pas le fermer.

→ Il y a **tellement de** <u>papiers</u> dans le tiroir **que** je ne peux pas le fermer

Il a **tellement d'**<u>argent</u> **qu'**il peut acheter tout ce qu'il veut.

> **ATTENTION** à l'absence d'article après « de ».

▶ **Verbe + tellement + que**

En ce moment, André travaille beaucoup et il ne voit plus ses amis.

→ En ce moment, André <u>travaille</u> **tellement qu'**il ne voit plus ses amis.

Éric <u>admire</u> **tellement** Elton John **qu'**il sait tout sur ce chanteur.

> **REMARQUE**
> Aux temps composés, « tellement » est placé entre l'auxiliaire et le participe passé :
> *Elle <u>a</u>* **tellement** <u>dansé</u> *qu'elle est morte de fatigue.*

3 **Reliez les phrases selon les indications données.**

Ex. Il y avait beaucoup de monde dans l'autobus. On était serrés comme des sardines ! (tellement de … que)
→ *Il y avait tellement de monde dans l'autobus qu'on était serrés comme des sardines !*

1. Cet enfant a beaucoup de jouets. On ne peut pas entrer dans sa chambre ! (tellement de … que)

2. La maison est vieille. Il faut tout réparer. (si … que)

3. Il riait beaucoup. Il était tout rouge. (tellement … que)

4. Il fait très chaud dans la ville. Les rues sont vides. (tellement … que)

5. Au printemps, les oiseaux chantent très fort. Ils me réveillent à 5 h du matin. (si … que)

4 **Reliez les phrases selon les indications données.**

Ex. Elle ne voit pas de loin. Elle porte des lunettes. (parce que)
→ *Elle porte des lunettes parce qu'elle ne voit pas de loin.*

1. Le film était ennuyeux. Je me suis endormi devant la télé. (si … que)

2. Ce disque a beaucoup de succès. Tous les jeunes veulent l'acheter. (tellement … que)

3. J'avais 30 €, j'ai payé deux cassettes 24 €. Il me reste 6 euros. (donc)

4. Tu ne l'aimes plus. Quitte-le ! (puisque)

5. On ne s'est pas baigné. La rivière était polluée. (alors)

6. Caroline mesure 1m 55. Elle porte toujours des chaussures à talons hauts. (c'est pour ça que)

5 **Transformez les phrases en imitant le modèle.**

Ex. Je suis monté à pied parce que l'ascenseur était en panne.
→ *L'ascenseur était en panne, donc je suis monté à pied.*

1. Patrick ne peut pas entrer dans un casino parce qu'il n'a pas encore 18 ans.

2. Élisa ne mange jamais de viande parce qu'elle est végétarienne.

3. Le patron du café a sorti les chaises et les tables dehors parce qu'il fait beau.

4. Les avions ne pouvaient pas décoller parce qu'il y avait du brouillard.

5. Elle a décidé d'arrêter de fumer parce qu'elle est enceinte.

DELF   **unité A3**

6 **Reliez les titres de journaux suivants entre eux.**

Causes	Conséquences
1 Succès de l'exposition	A Un jeune pompier gagne une voiture
2 Chance au jeu	B Achetez un nouveau cartable
3 Tempête	C Rentrez vos plantes délicates
4 Rentrée des classes	D Baignade interdite
5 Froid	E Un habitant de Louviers a été blessé
6 Rivière polluée à Azay	F Un million de visiteurs

7 **Exprimez ces informations par des phrases complètes. Utilisez : « parce que, à cause de, grâce à , si … que, tellement … que, c'est pour ça que ».**

Exemple : L'exposition a eu tellement de succès qu'il y a eu un million de visiteurs.

1.

…

Le but exprime une intention. L'opposition met en relation deux faits contraires.
La condition indique de quoi dépend la réalisation d'une action.

1 Le but

Le mot « **pour** » exprime le but, l'intention.

On emploie :

▶ **« Pour » + infinitif**

On a besoin d'un permis spécial **pour** conduire un camion..
Les gens font du sport **pour** être en forme.
Prenez l'autobus **pour** aller au centre ville.

▶ **« Pour que » + verbe au subjonctif**

Approchez-vous **pour que** je prenne une photo de tout le groupe.
Les magasins seront ouverts dimanche **pour que** les gens puissent
faire leurs achats de Noël.

▶ **« Pour » + nom ou pronom**

Pour l'examen, il faut s'inscrire avant le 15 mai.
Quelqu'un a laissé ces documents **pour** toi.

Ne dites pas :
Elle mange peu pour ne grossir pas.

Mais dites :
*Elle mange peu **pour ne pas** grossir.*

REMARQUE

« Pour » : les 2 verbes doivent avoir le même sujet.
Je partirai tôt. J'arriverai à l'heure.
→ *Je partirai tôt **pour** arriver à l'heure*

« Pour que » : les 2 verbes ont des sujets différents.
Je partirai tôt. Pierre ne m'attendra pas.
→ *Je partirai tôt **pour que** Pierre ne m'attende pas.*

Vous avez dix minutes pour répondre à ce questionnaire.
Vous avez deux jours pour prendre votre décision.
Vous avez une semaine pour finir ce travail.

Allô ? Je téléphone pour avoir des renseignements sur votre école de dessin.
Allô ? Je téléphone pour réserver une table de quatre personnes ce soir.

METTRE EN PRATIQUE

1 Imitez le modèle.

Ex. Téléphonez au moins une semaine à l'avance.
Vous confirmerez votre réservation.
→ *Téléphonez au moins une semaine à l'avance pour confirmer votre réservation.*

1. Il est 2 heures du matin. Je vais prendre un taxi. Je vais rentrer chez moi.
2. On fait des recherches. On trouvera un vaccin contre cette maladie.
3. Attendez le signal sonore. Enregistrez votre message.

2 Mettez le verbe au subjonctif présent.

Ex. Dans cette salle, il y a des micros partout pour qu'on (entendre) bien.
→ *Dans cette salle, il y a des micros partout pour qu'on entende bien.*

1. Ricardo téléphone régulièrement à ses parents pour qu'ils (savoir) que tout va bien.
2. Apportez d'autres chaises pour que tout le monde (pouvoir) s'asseoir.
3. Grand-père m'a donné de l'argent pour que je me (acheter) des jeux-video.

2 L'opposition

Pour exprimer une opposition, on peut employer :

▶ **Mais**

« **Mais** » exprime une différence ou une opposition.

Anita est blonde, **mais** sa sœur est brune. (= différence)

Je voudrais acheter ce livre, **mais** il est trop cher. (= opposition)

▶ **Mais ... quand même / quand même**

Deux faits sont en opposition.

Ce livre était difficile à lire, **mais** je l'ai **quand même** lu en entier.

Ce livre était difficile à lire ; je l'ai **quand même** lu en entier !

▶ **Pourtant**

Deux faits s'opposent.

Il n'est pas fatigué, **pourtant** il s'est couché à 5 h du matin.

Eve est très mince, **pourtant** elle mange comme quatre !

▶ **Malgré + nom**

« **Malgré** » introduit un nom qui s'oppose au reste de la phrase.

La course cycliste continue **malgré** <u>la pluie</u>.

Malgré <u>son mauvais caractère</u>, mon frère a beaucoup d'amis.

▶ **Bien que + verbe au subjonctif**

« **Bien que** » introduit une proposition subordonnée d'opposition.

Bien qu'il <u>fasse</u> froid, nous n'avons pas encore allumé le chauffage.

Elle a un poste très important dans son entreprise **bien qu'**elle n'<u>ait</u> que trente ans.

---

1. Ne dites pas :
   ~~comme même~~
   Mais dites :
   quand même

2. « quand même » est toujours placé après le verbe.
   Ne dites pas :
   Il pleut, ~~quand même~~ on va se promener.
   Mais dites :
   Il pleut, on va quand même se promener. ou *Il pleut, on va se promener quand même.*

REMARQUE

On emploie souvent « et » devant « pourtant » :

J'ai bien dormi et pourtant j'ai encore sommeil !

METTRE EN PRATIQUE

3 Complétez les phrases par « mais » ou « malgré ».

1. Elle est très enrhumée, ... elle continue quand même à aller au bureau.
   – Elle continue à aller au bureau ... son rhume.

2. Il a beaucoup de travail, ... il sort quand même tous les soirs.
   – ... son travail, il sort tous les soirs.

3. Ils ont déjà cinq enfants, ... ils en veulent quand même d'autres !

4. ... le froid, les enfants veulent jouer dans le jardin.

4 Complétez les phrases.

Ex. Le bateau a quitté le port malgré ... .
→ *Le bateau a quitté le port malgré la tempête qui approche.*

1. Elle prend des leçons de chant depuis deux ans mais ... .

2. Malgré ..., nous sommes arrivés à l'heure.

3. Nous n'avons pas beaucoup d'argent mais ... quand même.

4. Il n'a pas encore trouvé d'appartement, pourtant ... .

La condition

Dans l'expression de la condition, les modes et les temps varient selon le sens. La proposition subordonnée est introduite par **« si »**. Elle est toujours à l'indicatif.

■ Quand la phrase exprime une possibilité, on emploie :

▶ **« Si » + présent** → **futur**

<small>proposition subordonnée   proposition principale</small>

Le futur exprime que l'action se réalisera probablement.

Si j'ai le temps demain, j'irai avec toi au Salon de l'Auto.

Nous irons faire du ski en avril **s'il y a** assez de neige.

▶ **« Si » + présent** → **impératif**

L'impératif a une valeur de futur.

Si tu as le temps, viens avec moi au Salon de l'Auto.

Si vous ne comprenez pas, posez des questions !

1. Ne dites pas :   s'il(s)
   Mais dites :   **s'il(s)**
   Ne dites pas :   s'elle(s)
   Mais dites :   **si elle(s)**

2. N'employez jamais le futur, ni le conditionnel après « si ».
   Ne dites pas :
   S'il y aura de la neige …
   Mais dites :
   *S'il y **a** de la neige …*
   Ne dites pas :
   Si j'aurais le temps …
   Mais dites :
   *Si j'**ai** le temps …*

■ Quand la phrase exprime un désir, on emploie :

▶ **« Si » + imparfait** → **conditionnel présent**[**]

L'action ne peut pas se réaliser au moment où on parle. Ici, l'imparfait n'est pas un temps du passé.

Si j'avais le temps, j'irais avec toi au Salon de l'Auto.

<small>(mais je ne peux pas y aller parce que je n'ai pas le temps)</small>

Nous irions voir nos enfants en Australie **si** le voyage était moins cher.

<small>(mais nous n'irons pas parce que c'est trop cher)</small>

[**] Pour la conjugaison du conditionnel, voir le chapitre 8 sur le conditionnel.

■ Quand la phrase exprime un regret, on emploie :

▶ **« Si » + plus-que-parfait** → **conditionnel passé**

La condition n'a pas été réalisée.

Si j'avais eu ma caméra, j'aurais filmé l'arrivée de la course.

<small>(malheureusement je n'ai pas filmé parce que je n'avais pas ma caméra)</small>

Si j'avais eu le temps, je serais allé au Salon de l'Auto.

<small>(malheureusement je n'ai pas eu le temps)</small>

Quand la phrase exprime l'habitude, on emploie :

▶ **« Si » + présent → présent**

Si nous <u>partons</u> en vacances, nous <u>laissons</u> toujours la clé chez le gardien.
(si = « chaque fois que » ou « quand »)

COMPAREZ

S'il <u>fait</u> beau, nous <u>prenons</u> le café sur la terrasse.
(habitude)

S'il <u>fait</u> beau, nous <u>prendrons</u> le café sur la terrasse.
(possibilité)

Sinon

Ce mot évite de répéter la condition quand elle est négative.

Si <u>j'ai</u> le temps, je passerai te voir ce soir ; si je <u>n'</u>ai <u>pas</u> le temps, je passerai demain.

→ **Si** <u>j'ai</u> le temps, je passerai te voir ce soir ; **sinon** je passerai demain.

Mettez des lunettes de soleil, **sinon** vous aurez mal aux yeux !
(sinon = <u>si</u> vous <u>ne</u> mettez <u>pas</u> de lunettes)

Même si

« Même si » exprime à la fois la condition et l'opposition.

Elisabeth est toujours souriante, **même si** elle <u>a</u> des problèmes.

Je dors toujours la fenêtre ouverte, **même s**'il <u>fait</u> très froid.

En cas de + nom

« En cas de » exprime une éventualité.

En cas de <u>pluie,</u> on doit rouler moins vite.
(= s'il pleut)

Qu'est-ce qu'on fait ce soir ?   Si on allait au cinéma ?   Si on jouait au « Trivial Poursuit » ?
Si on allait se balader ?   Si on prenait un bain de minuit ?

PARLONS !

Qu'est-ce qu'on fait ?

– *en cas d'incendie ? On appelle les pompiers.*
– *en cas d'accident ? On prévient la police.*
– *en cas d'absence du professeur ? On va boire un café.*

Il rêve

Ah, si j'étais riche, …
Si elle m'aimait, …
Si j'étais beau, …

Si elle acceptait de m'épouser, …

Je serais le plus heureux des hommes !

METTRE EN PRATIQUE

5 **Imitez le modèle.**

a. Votre voiture tombe en panne, appelez le garage Toudou !

→ *Si votre voiture tombe en panne, appelez le garage Toudou !*

1. Il n'y a plus de places au théâtre ce soir, on ira un autre jour.

2. Vous n'avez pas d'argent liquide, payez avec votre carte de crédit !

3. Il y a des embouteillages, prenez le métro !

b. Tu verras Sylvie, tu lui diras « bonjour » de ma part.

→ *Si tu vois Sylvie, tu lui diras « bonjour » de ma part.*

1. J'irai au marché, j'achèterai des fruits et du fromage.

2. Le cours n'aura pas lieu mardi, il sera reporté au vendredi.

3. On ne peut pas se garer dans le parking, on laissera la voiture dans la rue.

6 **Donnez la bonne réponse habitude** H **ou possibilité** P.

1. H / P S'il neige en montagne, les voitures sont toujours équipées de pneus spéciaux.

2. H / P Si tu vas au Portugal, rapporte-moi deux ou trois bouteilles de porto !

3. H / P Si je suis fatigué, je prends du ginseng.

7 **Mettez le verbe entre parenthèses au temps et au mode convenables.**

a. 1. S'il (faire) très froid, on allumerait un feu dans la cheminée.

2. S'il y avait du brouillard, les bateaux (rester) au port.

3. Si tu (être) français, pour quel parti politique voterais-tu ?

b. 1. Si Pierre (continuer) ses études, il serait devenu architecte.

2. Si elle n'avait pas eu 40° de fièvre, elle (aller) travailler.

3. Si j'avais gagné au Loto, je (acheter) une moto.

8 **Complétez par « si » ou « même si ».**

1. … il fait froid, il faut mettre les plantes fragiles à l'abri.

– On peut laisser les géraniums dehors, … il fait froid.

2. Adrienne aime beaucoup la mer. Elle se baigne … l'eau est très froide.

– Christian n'aime pas les bains de mer. Il se baigne seulement … l'eau est à 25°.

9 Reliez les phrases avec « pour + infinitif » ou « pour que + subjonctif ».

1. Marc va faire un stage dans une banque. Il étudiera la gestion des comptes privés.

2. Nous avons acheté un canapé et deux fauteuils. Notre salon sera plus agréable.

3. On a donné un médicament au malade. On calmera ses douleurs.

4. Je place cette plante verte près de la fenêtre. Elle recevra beaucoup de lumière.

10 Reliez par une flèche.

1. Ma grand-mère lit sans lunettes   a. mais il est très bon quand même.

2. Antonio a visité beaucoup de pays européens   b. pourtant il n'habite pas loin.

3. Elle dort parfaitement   c. malgré l'interdiction.

4. Il fume sur le quai du métro   d. malgré son âge.

5. Le gigot de mouton est un peu trop cuit   e. mais il n'est jamais allé en Suisse.

6. Il est encore en retard au cours   f. bien qu'elle boive énormément de café.

11 Reliez les phrases par une flèche.

a. 1. L'été est chaud. L'herbe de ma pelouse est toute sèche   a. elle sera bien verte.

   2. Pour avoir une jolie pelouse   b. et pourtant, je l'arrose régulièrement.

   3. Si vous arrosez régulièrement votre pelouse   c. il faut beaucoup l'arroser.

b. 1. Prends un comprimé de « Nautamine »   a. vous n'aurez pas le mal de mer.

   2. Si vous prenez un comprimé de « Nautamine »   b. elle a le mal de mer.

   3. Même si elle prend un comprimé de « Nautamine » c. pour ne pas avoir le mal de mer.

c. 1. Les avions ne décollent pas   a. pour qu'ils atterrissent en toute sécurité.

   2. La tour de contrôle guide les avions   b. malgré le brouillard.

   3. L'avion a réussi à atterrir   c. s'il y a du brouillard.

DELF unité A3

12 Complétez le texte suivant avec les mots suivants : « pour, pour que, pourtant, malgré, quand même, si, sinon ».

Aujourd'hui, les sacs deviennent fonctionnels. Les sacs classiques … transporter des livres sont … encore trop lourds pour les enfants … leur matière plus légère. Un nouveau sac à dos essaie … de trouver une solution. Il suffit de le tourner autour de soi … il s'ouvre facilement. … vous ne transportez pas de livres, vous pouvez acheter une poche tout simplement, qui se porte à la ceinture. …, nous vous conseillons encore un sac qui se porte sur le devant ou sur le côté, mais il faudra le porter … !

Une comparaison permet d'établir une ressemblance ou une différence
entre deux ou plusieurs éléments d'une phrase.

1   Les comparatifs

Il y a trois degrés de comparaison qui expriment :

la supériorité	→	**plus ... que**
l'infériorité	→	**moins ... que**
l'égalité	→	**aussi / autant ... que**

Plus ... que

La comparaison porte sur

▶ **un adjectif ou un adverbe :**
« plus » + adjectif / adverbe + « que »

Jean mesure 1m 85. Pierre mesure 1m 80.
→ Jean est **plus** <u>grand</u> **que** Pierre.

En général, les femmes vivent **plus** <u>longtemps</u> **que** les hommes.

▶ **un nom :**
« plus de » + nom sans article + « que »

À Marseille, il y a 1 100 000 habitants. A Bordeaux, il y en a 700 000
→ À Marseille, il y a **plus d'**<u>habitants</u> **qu'**à Bordeaux.

Dans une orange, il y a **plus de** <u>vitamine C</u> **que** dans une poire.

▶ **un verbe :**
verbe + « plus que »

Les employés du magasin « Bonprix » travaillent 35 h / semaine.
Les employés de la société « Avril » travaillent 32 h / semaine.
→ Les employés du magasin « Bonprix » <u>travaillent</u> **plus que** ceux
de la société « Avril ».

Un bébé <u>dort</u> **plus qu'**un adulte.

Moins ... que

La comparaison porte sur

▶ **un adjectif ou un adverbe :**
« moins » + adjectif / adverbe + « que »

Aujourd'hui, il fait 6°; hier, il faisait 0°.
→ Aujourd'hui, il fait **moins** <u>froid</u> **qu'**hier.

Je vois **moins** <u>bien</u> **qu'**avant. Il faut que je porte des lunettes.

REMARQUE

On peut modifier le comparatif avec « beaucoup », « bien », « un peu » :

L'exercice numéro 2 est
beaucoup plus
bien plus ⟶ *facile que*
un peu plus
l'exercice numéro 5.

Ne dites pas :
Il a plus de l'argent que moi.
Mais dites :
*Il a **plus d'**argent que moi.*

ATTENTION

On prononce le « s » de « plus »
après un verbe.

▶ **un nom :**
« moins de » + nom sans article + « que »

À Venise, il y a beaucoup de touristes en été. Il n'y en a pas beaucoup en hiver.

→ À Venise en hiver, il y a **moins de** touristes **qu'**en été.

Les habitudes alimentaires des Français ont changé. Ils mangent **moins de** pain **qu'**avant.

▶ **un verbe :**
verbe + « moins que »

Hier, Pierre a fumé tout un paquet de cigarettes. Aujourd'hui, il en a fumé un demi paquet.

→ Pierre a **moins** fumé aujourd'hui **qu'**hier.

Maintenant, on s'écrit **moins que** dans le passé mais on se téléphone beaucoup plus.

Aussi / Autant ... que

La comparaison porte sur :

▶ **un adjectif ou un adverbe :**
« aussi » + adjectif / adverbe + « que »

La piscine des Dupont et celle des Durand mesurent 12 x 6m.
→ La piscine des Durand est **aussi** grande **que** celle des Durand.

Il va au Gymnase club **aussi** souvent **que** moi.

▶ **un nom :**
« autant de » + nom sans article + « que »

J'ai trois frères, lui aussi.
→ J'ai **autant de** frères **que** lui.

Février n'a pas **autant de** jours **que** mars.

▶ **un verbe :**
verbe + « autant que »

Dans sa jeunesse, Picasso peignait beaucoup. A 80 ans aussi.
→ À 80 ans, Picasso peignait **autant que** dans sa jeunesse.

Aujourd'hui, le vent souffle **autant qu'**hier.

> **Ne dites pas :**
> *Il a moins de l'argent que moi.*
> **Mais dites :**
> *Il a moins d'argent que moi.*

> REMARQUE
> « plus, moins, autant » sont très souvent employés avec « en » •• :
> *Est-ce qu'il y a autant de stations de ski dans les Pyrénées que dans les Alpes ?*
> *Non, il y en a moins.*

•• Voir le chapitre 20 sur les pronoms personnels, p. 100.

> **Ne dites pas :**
> *Il a autant de l'argent que moi.*
> **Mais dites :**
> *Il a autant d'argent que moi.*

RÉSUMONS

	Avec adjectif / adverbe	Avec nom	Avec verbe
Supériorité	plus	plus de	plus
Infériorité	moins	moins de	moins
Égalité	aussi ... que	autant de ... que	autant que

Le même / La même / Les mêmes → + nom (+ que)

Ces adjectifs expriment une similitude.

Sophie est née **le même** jour et **la même** année **que** moi, donc nous avons **le même** âge.

Un vélo et une bicyclette, c'est **la même** chose.

Comme

Maria a les cheveux roux **comme** son père.

Comme tous les enfants, le petit Jérémie adore les frites avec du ketchup.

Ces deux frères se ressemblent **comme** deux gouttes d'eau !

☛ ATTENTION ! ne dites pas :
... la même année ~~comme~~ moi.
Un vélo et une bicyclette, c'est ~~le même~~.

> **REMARQUE**
>
> Dans la comparaison, après « que » et « comme », on emploie la forme tonique du pronom personnel : moi, toi, lui, eux, ...
> *Il est plus grand que toi.*
> *Nous avons la même voiture qu'eux.*
> *Olivier ressemble beaucoup à son père et il parle comme lui.*

Il est doux comme un agneau.
Il est heureux comme un poisson dans l'eau.
Il est blond comme les blés.
Il est malin comme un singe.

METTRE EN PRATIQUE

1 Complétez les phrases par « plus ... que » / « moins ... que ».

1. Le climat de la Norvège est ... froid ... celui de l'Espagne.

2. Il y a ... de pollution à la campagne ... dans les villes.

3. Sur une petite route, on roule ... vite ... sur une autoroute.

4. Communiquer par Internet, c'est ... rapide ... par la Poste.

2 Complétez les phrases par « aussi ... que / autant ... que ».

1. Monsieur Durand est à la retraite, mais il est ... actif ... avant.

2. Cette année à Chamonix, il a ... neigé ... l'année dernière.

3. Paola parle français ... bien ... les Français.

4. Le prix de l'essence a augmenté, mais il y a ... de voitures sur les routes ... avant.

3 Réécrivez les phrases selon le modèle.

Ex. Claire et Thomas ont la même voiture.
→ *Claire a la même voiture que Thomas.*

1. Eva et Chris ont le même professeur de gymnastique.

2. Sabine et Edouard ont regardé la même émission de télé.

3. Mon amie et moi, nous avons acheté les mêmes chaussures.

4. Marguerite et Louise ne font pas les mêmes études.

Les superlatifs

On forme le superlatif avec l'article défini suivi du comparatif d'infériorité ou de supériorité.

Le
La $\longrightarrow$ **plus / moins + adjectif / adverbe**
Les

Adjectif		Adverbe
Le plus grand	La plus grande	(invariable)
Le moins grand	La moins grande	
		Le plus vite
Les plus grands	Les plus grandes	Le moins vite
Les moins grands	Les moins grandes	

Les Durand ont trois filles. C'est Sarah **la plus** jolie.

Dans votre pays, quel est l'acteur **le plus** connu ?

Commence par ces exercices : ce sont **les moins** difficiles !

Quel est l'animal qui court **le plus** vite ?

Le complément du superlatif est introduit par « de ».

Le Pont Neuf est **le plus** vieux pont **de** Paris.

La partie **la plus** ancienne **du** Louvre date du roi Philippe-Auguste.

Ne dites pas :
C'est la plus longue rue dans la ville.
Mais dites :
*C'est la plus longue rue **de** la ville.*

■ **Le plus / Le moins de + nom** (sans article)

Où est-ce qu'il y a **le plus de** soleil en France ? Sur la Côte d'Azur.

Dans la dictée, c'est John qui a fait **le moins de** fautes.

METTRE EN PRATIQUE

4 Donnez des conseils en utilisant « le / la / les plus » ou « le / la / les moins ».

1. Tu veux un téléphone portable. Prends celui-là, c'est … léger et … cher.

2. Tu n'es pas habitué aux fromages. Goûte celui-là, c'est … fort.

3. Ne mangez pas cette pêche ; c'est … mûre.

4. Asseyez-vous dans ce fauteuil ; c'est … confortable.

5. Je vous conseille ces verres ; ce sont … fragiles.

6. Va à Monoprix ; c'est le magasin … proche d'ici.

7. Pour aller à la très Grande Bibliothèque de France, la ligne de métro « Météor », c'est … moderne et … rapide.

Les comparatifs et superlatifs de « bon » et de « bien »

L'adjectif **« bon »** et l'adverbe **« bien »** ont des formes irrégulières.

		Comparatif	Superlatif
Adjectif	bon(s) bonne(s)	meilleur(s) meilleure(s)	le(s) meilleur(s) la meilleure, les meilleures
Adverbe	bien	mieux	le mieux

▶ Toutes ces glaces sont bonnes mais je trouve que les glaces au café sont meilleures que les glaces à la vanille.

Venir en France, c'est la meilleure façon d'apprendre le français.

> **Ne dites pas :**
> *Il chante meilleur que moi.*
> *C'est meilleur de prendre cette route.*
> **Mais dites :**
> *Il chante mieux que moi.*
> *C'est mieux de prendre cette route.*

▶ Aujourd'hui, le malade va bien. Il va mieux que la semaine dernière.

Le rouge est la couleur qui me va le mieux.

Ce médicament peut faire mal à l'estomac. C'est mieux de le prendre au cours des repas.

Vous avez fait beaucoup de progrès. Vous parlez et vous écrivez de mieux en mieux.

PARLONS !

C'est pareil ! / C'est la même chose !

Camper en pleine nature et camper dans un camping organisé, ce n'est pas du tout pareil !

Vous pouvez passer par la rue de l'Église ou par la rue de la Poste ! C'est pareil ! Ce n'est pas plus long !

La politique, de droite ou de gauche, pour moi c'est la même chose !

Une mayonnaise en tube et une mayonnaise faite par ma maman, ce n'est pas la même chose !

METTRE EN PRATIQUE

5 Complétez par « bonne / meilleure » ou par « bien / mieux ».

1. Cette pâtisserie est très … . Elle est … que la pâtisserie de mon quartier.

2. Suzanne joue … de la guitare. Elle joue … que sa sœur.

3. Marie a une … note en mathématiques. Elle a eu une … note que d'habitude.

4. Ines comprend … le français et l'espagnol mais elle parle … l'espagnol que le français.

6 **Imitez le modèle.**

Ex. Julie a 24 ans. Alice a 21 ans.
→ *Alice est plus jeune que Julie. Julie est plus âgée qu'Alice.*

1. Hier, Jacques est rentré à 18 h. Aujourd'hui, il est rentré tard, à 20 heures.

2. Les Américains boivent beaucoup de coca-cola. Les Français en boivent peu.

3. Henri fait souvent du roller. Moi aussi.

4. Nathalie a quatre CD des Rolling Stones. Son amie Marianne aussi.

7 **Complétez les phrases avec les mots suivants : « plus … que, moins, moins … que, comme, aussi … que, autant … que, le(s) même(s) … que ».**

1. Émilie ne porte jamais … vêtements … sa sœur jumelle.

2. Adrien travaille … sa mère dans l'informatique.

3. La tortue avance … vite … le lièvre.

4. Le mois de janvier a … de jours … le mois de mars, mais le mois de février en a … .

5. Mes deux frères mesurent tous les deux 1m 85. Ils sont … grands l'un … l'autre.

6. L'éléphant est un animal … gros … la girafe.

7. Mon amie est inscrite dans … parti politique … moi. En général, elle vote … moi.

DELF   **unité A4**

8 Vous êtes responsable du personnel d'une entreprise ; vous devez choisir une secrétaire. Vous avez rencontré deux personnes. Faites votre choix et écrivez une note à votre directrice pour le justifier.

Faites des comparaisons en utilisant le tableau.

	Chantal Morin	Janine Gaubert
Âge	32 ans	38 ans
Expérience	9 ans	9 ans
Formation	Excellente formation pratique	Formation technique
Maîtrise des langues	Bilingue (père américain)	Assez bonne maîtrise de l'anglais
Disponibilité	Célibataire	Mariée, deux enfants
Comportement	Bon sens des relations humaines	Dynamique, mais autoritaire

Madame la directrice,

J'ai choisi … , elle est plus … . Elle a autant …
Sa formation est …
Elle parle …
Elle est …
Elle a / elle est …

COMMENT EXPRIMER SES SENTIMENTS : LA PHRASE EXCLAMATIVE

On exprime ses sentiments (satisfaction, colère, surprise, regret, admiration), en employant la phrase exclamative.

À l'écrit, la phrase exclamative se termine par un point d'exclamation. À l'oral, l'intonation change selon le sentiment exprimé.

On peut employer :
Quel(s) / Quelle(s) + nom

Quelle chance ! J'ai eu les deux derniers billets pour le match.

Quelles belles fleurs !

Quel bon film !

Il y a eu 150 morts dans cet accident d'avion. Quelle horreur !

Ce que / Comme

Ce qu'elle est bonne, cette mousse au chocolat !

Ce qu'il fait froid ! Comme il fait froid !

8 € pour un café ! Ce que c'est cher ! Comme c'est cher !

> **REMARQUE**
> Dans la langue familière, on dit souvent : « Qu'est-ce que ... ».
> *Qu'est-ce qu'il fait froid !*
> *Qu'est-ce que c'est cher !*

De nombreuses expressions invariables qui marquent :

▶ **La surprise :**
Ça alors ! Pas possible ! C'est pas vrai ! Oh ! la ! la !

Isabelle ! Tu as gagné au loto ! Ça alors ! Pas possible ! C'est pas vrai ! Oh ! la ! la !

▶ **La peur, le danger :**
Attention ! Au secours !

Les enfants sont montés dans le vieux sapin. Attention ! C'est dangereux !

Il y a le feu dans la maison. Au secours !

▶ **Le regret :**
Quel dommage ! Tant pis !

On n'a pas pu visiter le musée Picasso. Quel dommage !

J'ai oublié mon parapluie. Tant pis ! Je serai mouillé.

▶ **La satisfaction :**
Bravo ! Tant mieux !

Tu as été engagée comme mannequin chez Dior. Bravo !

Après un an de chômage, il a retrouvé du travail. Tant mieux pour lui !

PARLONS !

« Atchoum ! » À vos souhaits !

« Tchin Tchin ! » À votre santé !

Tu vas déjeuner ? Bon appétit !

Au revoir Madame ! Bonne journée !

Tu passes ton examen demain ? Bonne chance !

Dormez vite, les enfants ! Bonne nuit !

Tu te fais arracher une dent ? Bon courage !

Vous partez aux Bahamas ! Bonnes vacances !

Aïe ! Je me suis pincé le doigt !

Oh ! Ce qu'il est chaud ce café !

DELF unité A2

Faut-il pratiquer régulièrement un sport ?

1 Complétez les réponses des personnes répondant à cette question, par une de ces phrases exclamatives : « Bravo, quelle horreur, quelle chance, tant pis, tant mieux, c'est dommage ».

1. Moi, personnellement, je n'ai jamais fait de sport. Je ne voulais pas en faire. Mes parents n'ont jamais insisté. Je regrette. … mais je ne pense pas que ce soit vraiment indispensable.

2. Je crois que c'est important ; pourtant, dans ma jeunesse, on n'en faisait pas, et je n'ai jamais été malade ! …, mais j'ai eu de la chance !

3. Ce n'est pas une obligation. Je déteste ça. La gymnastique, par exemple, … !

4. Je voulais devenir champion international de football. Je n'ai jamais réussi, mais … ! C'est avec le foot que j'ai rencontré mes meilleurs copains et c'est ça qui est important pour moi !

5. Être jeune aujourd'hui, … ! Ils ont toutes les facilités pour pratiquer un sport maintenant et je trouve que c'est une excellente chose.

6. … à tous ceux qui pratiquent un sport ! C'est excellent pour la santé physique et morale. Continuez !

2 Quelles sont les personnes :

qui sont d'accord ? n° …

qui ne sont pas d'accord ? n° …

Quand on veut donner des arguments, exprimer son point de vue, on emploie différentes expressions :

Expression et verbes d'opinion

▶ **À mon avis, pour moi, selon moi, ...**

▶ **Je suis sûr(e) que, je pense que, je crois que, je trouve que, je (ne) suis (pas) d'accord, ...**

Articulateurs du discours

Pour exprimer une opposition	Pour donner des explications
mais	(c'est) parce que
pourtant	puisque
malgré	car
quand même	à cause de
bien que	grâce à

Pour exprimer une conséquence	Pour exprimer une intention	Pour exprimer une condition
donc	pour	si
alors	pour que	même si
c'est pour ça que		en cas de

▶ – On apprend mieux une langue étrangère quand on est jeune. Vous êtes d'accord ?

– Oui, **à mon avis**, c'est tout à fait juste.

– **Bien qu'**un enfant puisse devenir bilingue plus facilement, moi **je pense qu'**un adulte peut aussi progresser rapidement **parce qu'**il a plus de méthode.

▶ – Les gens aiment mieux regarder la télévision que lire un livre ou un journal. Qu'en pensez-vous ?

– **Je trouve que** c'est vrai, **car** presque tout le monde a la télévision aujourd'hui. **Alors**, c'est facile de se mettre dans un fauteuil et de regarder les informations ou un film.

– Moi, **je pense quand même que** la lecture procure un plaisir différent. **Pour** lire, il faut utiliser davantage son imagination. **C'est pour ça que** la télévision est une distraction beaucoup plus passive que la lecture.

PARLONS !

L'écologie, autrefois, on n'en parlait pas.
C'est à cause de l'industrialisation
que nous connaissons ce problème.
Les industriels trouvent que la protection
de l'environnement coûte très cher ;
donc, ils ne respectent pas toujours
les règlements.
Les bateaux transportent du pétrole
sans toute la sécurité nécessaire ;
c'est pour ça que les plages
sont quelquefois pleines de mazout !

De plus, les gens utilisent leurs voitures
plutôt que les transports en commun
parce que c'est plus pratique.

Moi, je pense que ce n'est pas seulement
un problème d'environnement,
mais aussi un problème politique.
Mais personne ne veut changer ses habitudes.
Et pourtant, la planète Terre est en danger.

METTRE EN PRATIQUE

1 Retrouvez l'ordre du dialogue.

☐ BERNARD : Oh ! Ne t'inquiète pas. Je viendrai quand même souvent à Paris.

☐ FRANÇOIS : C'est pas vrai ! Tu abandonnes l'architecture ?

☐ FRANÇOIS : Pourtant, tu aimais beaucoup la vie culturelle parisienne !

☐ BERNARD : Mais non ! Je vais continuer, car avec mon ordinateur, je resterai en contact avec le bureau de Paris, et j'aurai une meilleure qualité de vie.

☐ BERNARD : J'en ai assez du stress de la vie à Paris ! Donc, je pars vivre dans une petite ville du Sud-Ouest.

2 Complétez les phrases par les mots suivants : « donc, alors, pour, malheureusement, pourtant, puisque ».

Chaque année le 15 août, dans mon village, on organise une grande fête dans la rue principale, et le soir, il y a un bal. …, cette fois-ci, il pleut. … la météo a annoncé du beau temps. … il faut changer le programme … les activités ont lieu dehors. … les gens se dépêchent … tout réorganiser.

3 Barrez l'expression incorrecte.

1. Un réfrigérateur, un ordinateur, une lampe marche $\boxed{\text{à cause de}}$ / $\boxed{\text{grâce à}}$ l'électricté.

2. Le pont a été détruit par la tempête $\boxed{\text{donc}}$ / $\boxed{\text{pourtant}}$ les voitures ne peuvent plus traverser la rivière.

3. La tempête a cassé beaucoup d'arbres, $\boxed{\text{mais}}$ / $\boxed{\text{alors}}$ aucun arbre de notre jardin n'a été touché.

4. $\boxed{\text{Parce que}}$ / $\boxed{\text{si}}$ les hommes respectaient plus la nature, il y aurait moins de pollution.

5. $\boxed{\text{Malgré}}$ / $\boxed{\text{à cause de}}$ la mauvaise circulation, nous sommes arrivés à l'heure au rendez-vous.

6. Hier, il y a encore eu un grave accident sur l'autoroute ; $\boxed{\text{c'est pour ça que}}$ / $\boxed{\text{car}}$ on a interdit la circulation aux camions.

4 Reliez par une flèche.

1. Je vais à pied au bureau

2. Il faut avoir une photo et l'argent

3. J'ai râté le train de 16 h 15

4. Je vais louer cet appartement

5. Comme beaucoup de gens, je trouve

6. Je ne trouve pas normal

7. Ce restaurant était complet

a. pour l'inscription dans ce club de gym.

b. alors, nous avons décidé d'aller au cinéma.

c. qu'il n'y ait pas de métro à Paris toute la nuit.

d. donc, je prendrai celui de 16 h 30.

e. pourtant, il est un peu cher.

f. qu'il faut absolument faire du sport.

g. parce que c'est à 10 minutes de chez moi.

DELF   unité A3

5 Complétez cet article avec les articulateurs suivants : « et, mais, je pense que, alors, pour que, c'est pour ça que ».

Plages : pas d'alcool ni de cigarettes.

Sur certaines plages, les maires ont décidé d'interdire l'alcool et les cigarettes.
Le problème, c'est qu'en vacances, on a envie de se détendre. … sur les plages, il y a beaucoup de monde. … comment faire ce que l'on veut sans gêner l'autre ? … les radios, les bouteilles de bière et les mégots de cigarette dans le sable sont mal acceptés par les touristes. … faut-il faire des interdictions et mettre des amendes … les gens apprennent à respecter leur voisin ? … c'est à chacun de faire un effort.

6 Sur le modèle de l'article précédent, répondez à la question suivante en utilisant des articulateurs pour argumenter.

Il faut interdire les téléphone portables dans les restaurants. Qu'en pensez vous ?

A N N E X E S

**TABLEAUX
DE CONJUGAISON**

**LES
CONSTRUCTIONS VERBALES**

INDEX

1 LES AUXILIAIRES

Être

INDICATIF			
Présent	Imparfait	Passé composé	Futur
je **suis**	j' ét-**ais**	j' **ai** été	je ser-**ai**
tu **es**	tu ét-**ais**	tu **as** été	tu ser-**as**
il / elle **est**	il / elle ét-**ait**	il / elle **a** été	il / elle ser-**a**
nous **sommes**	nous ét-**ions**	nous **avons** été	nous ser-**ons**
vous **êtes**	vous ét-**iez**	vous **avez** été	vous ser-**ez**
ils / elles **sont**	ils / elles ét-**aient**	ils / elles **ont** été	ils / elles ser-**ont**

Avoir

INDICATIF			
Présent	Imparfait	Passé composé	Futur
j' **ai**	j' av-**ais**	j' **ai** eu	j' aur-**ai**
tu **as**	tu av-**ais**	tu **as** eu	tu aur-**as**
il / elle **a**	il / elle av-**ait**	il / elle **a** eu	il / elle aur-**a**
nous **avons**	nous av-**ions**	nous **avons** eu	nous aur-**ons**
vous **avez**	vous av-**iez**	vous **avez** eu	vous aur-**ez**
ils / elles **ont**	ils / elles av-**aient**	ils / elles **ont** eu	ils / elles aur-**ont**

2 LES VERBES DU 1er GROUPE : infinitif en -er

Parler

INDICATIF			
Présent	Imparfait	Passé composé	Futur
je parl-**e**	je parl-**ais**	j' **ai** parlé	je parler-**ai**
tu parl-**es**	tu parl-**ais**	tu **as** parlé	tu parler-**as**
il / elle parl-**e**	il / elle parl-**ait**	il / elle **a** parlé	il / elle parler-**a**
nous parl-**ons**	nous parl-**ions**	nous **avons** parlé	nous parler-**ons**
vous parl-**ez**	vous parl-**iez**	vous **avez** parlé	vous parler-**ez**
ils / elles parl-**ent**	ils / elles parl-**aient**	ils / elles **ont** parlé	ils / elles parler-**ont**

ONJUGAISON

CONDITIONNEL	SUBJONCTIF	IMPÉRATIF	PARTICIPE
Présent	Présent	Présent	Présent
je ser-**ais**	que je **sois**	**sois**	**étant**
tu ser-**ais**	que tu **sois**	so**y**ons	
il / elle ser-**ait**	qu'il / elle **soit**	so**y**ez	Passé
nous ser-**ions**	que nous **soyons**		
vous ser-**iez**	que vous **soyez**		**été**
s / elles ser-**aient**	qu'ils / elles **soient**		

CONDITIONNEL	SUBJONCTIF	IMPÉRATIF	PARTICIPE
Présent	Présent	Présent	Présent
j' aur-**ais**	que j' **aie**	ai**e**	**ayant**
tu aur-**ais**	que tu **aies**	a**y**ons	
il / elle aur-**ait**	qu'il / elle **ait**	a**y**ez	Passé
nous aur-**ions**	que nous **ayons**		
vous aur-**iez**	que vous **ayez**		**eu**
s / elles aur-**aient**	qu'ils / elles **aient**		

CONDITIONNEL	SUBJONCTIF	IMPÉRATIF	PARTICIPE
Présent	Présent	Présent	Présent
je parler-**ais**	que je parl-**e**	parl**e**	parl**ant**
tu parler-**ais**	que tu parl-**es**	parl**ons**	
il / elle parler-**ait**	qu'il / elle parl-**e**	parl**ez**	Passé
nous parler-**ions**	que nous parl-**ions**		
vous parler-**iez**	que vous parl-**iez**		parl**é**
s / elles parler-**aient**	qu'ils / elles parl-**ent**		

Remarques sur les verbes du 1er groupe

■ Difficultés d'orthographe ou de prononciation

▶ Au présent, notez le « -s » à la 2e personne du singulier.

▶ Attention à l'orthographe et à la prononciation des verbes en « -ier ».   [crier, étudier, remercier

Présent :		Imparfait :		Futur :	
j'	étudi-e	j'	étudi-ais	j'	étudier-ai
tu	étudi-es	tu	étudi-ais	tu	étudier-as
il / elle	étudi-e	il / elle	étudi-ait	il / elle	étudier-a
nous	étudi-ons	nous	étudi-ions	nous	étudier-ons
vous	étudi-ez	vous	étudi-iez	vous	étudier-ez
ils / elles	étudi-ent	ils / elles	étudi-aient	ils / elles	étudier-ont

■ Particularités orthographiques de certains verbes

▶ **Verbes en « -ger » :**   [bouger, changer, déménager, voyager

→ « e » devant « a » et « o » : nous mange-ons
je mange-ais

▶ **Verbes en « -cer » :**   [commencer, effacer, placer, lancer

→ « ç » avec une cédille devant « a » et « o » : nous commenç-ons
je commenç-ais

▶ **Quelques verbes en « -eler » et « -eter » :**

→ « ll » ou « tt » devant un « e » muet (e = non prononcé) :   [appeler, épeler, renouveler, jeter

Présent :				Futur :			
j'	appell-e	je	jett-e	j'	appeller-ai	je	jetter-ai
tu	appell-es	tu	jett-es	tu	appeller-as	tu	jetter-as
il / elle	appell-e	il / elle	jett-e	il / elle	appeller-a	il / elle	jetter-a
nous	appel-ons	nous	jet-ons	nous	appeller-ons	nous	jetter-ons
vous	appel-ez	vous	jet-ez	vous	appeller-ez	vous	jetter-ez
ils / elles	appell-ent	ils / elles	jett-ent	ils / elles	appeller-ont	ils / elles	jetter-ont

Imparfait :			
j'	appel-ais	je	jet-ais
...	...	...	...

Passé composé :			
j'	ai appelé	j'	ai jeté
...	...	...	...

▶ **Attention au verbe « acheter » :**

→ « è » avec un accent grave à la place de « tt » devant un « e » muet (e = non prononcé) :

Présent :		Futur :		Imparfait :	
j'	achèt-e	j'	achèter-ai	j'	achet-ai
tu	achèt-es	tu	achèter-as	...	...
il / elle	achèt-e	il / elle	achèter-a	**Passé composé :**	j' ai ache
nous	achet-ons	nous	achèter-ons	...	...
vous	achet-ez	vous	achèter-ez		
ils / elles	achèt-ent	ils / elles	achèter-ont		

Les verbes en « -oyer » et « -uyer » :

→ « y » devient « i » devant un « e » muet (e = non prononcé) : [employer, envoyer, nettoyer, essuyer, …]

Présent :		**Futur :**		**Imparfait :**	
je	nettoi-e	je	nettoier-ai	je	nettoy-ais
tu	nettoi-es	tu	nettoier-as	… …	
il / elle	nettoi-e	il / elle	nettoier-a	**Passé composé :** j' ai nettoyé	
nous	nettoy-ons	nous	nettoier-ons	… …	
vous	nettoy-ez	vous	nettoier-ez		
ils / elles	nettoi-ent	ils / elles	nettoier-ont		

→ Attention au radical du **futur** de « envoyer » : j' enverr-ai
  tu enverr-as
  … …

Les verbes en « -ayer » :

→ « y » ne change pas devant le « e » muet (e), mais il peut aussi devenir « i » : [essayer, payer,, …]

Présent :			**Futur :**		
j'	essai-e	essay-e	j'	essaier-ai	essayer-ai
tu	essai-es	essay-es	tu	essaier-as	essayer-as
il / elle	essai-e	essay-e	il / elle	essaier-a	essayer-a
nous	essay-ons	ou essay-ons	nous	essaier-ons	ou essayer-ons
vous	essay-ez	essay-ez	vous	essaier-ez	essayer-ez
ils / elles	essai-ent	essay-ent	ils / elles	essaier-ont	essayer-ont

Imparfait : j' essay-ais **Passé composé :** j' ai essayé
  … … … …

Les verbes comme « lever » :

→ « e » devient « è » devant un « e » muet (e = non prononcé) : [enlever, emmener, promener, peser, …]

Présent :		**Futur :**		**Imparfait :**	
je	lèv-e	je	lèver-ai	je	lev-ais
tu	lèv-es	tu	lèver-as	… …	
il / elle	lèv-e	il / elle	lèver-a	**Passé composé :** j' ai levé	
nous	lev-ons	nous	lèver-ons	… …	
vous	lev-ez	vous	lèver-ez		
ils / elles	lèv-ent	ils / elles	lèver-ont		

Les verbes comme « préférer » :

→ « é » devient « è » devant un « e » muet (e) : [compléter, espérer, posséder, protéger, répéter, …]

Présent :		**Futur :**		**Imparfait :**	
je	préfèr-e	je	préférer-ai	je	préfér-ais
tu	préfèr-es	… …		… …	
il / elle	préfèr-e	ou je préfèrer-ai		**Passé composé :** j' ai préféré	
nous	préfér-ons	… …		… …	
vous	préfér-ez				
ils / elles	préfèr-ent				

Les verbes pronominaux : se coucher

INDICATIF		
Présent	Imparfait	Passé composé
je me couch-e	je me couch-ais	je me suis couché(e)
tu te couch-es	tu te couch-ais	tu t' es couché(e)
il / elle se couch-e	il / elle se couch-ait	il / elle s' est couché(e)
nous nous couch-ons	nous nous couch-ions	nous nous sommes couché(e)
vous vous couch-ez	vous vous couch-iez	vous vous êtes couché(e)
ils / elles se couch-ent	ils / elles se couch-aient	ils / elles se sont couché(e)

IMPÉRATIF Présent
couche-toi
couchons-nous
couchez-vous

La voix passive : être invité

INDICATIF		
Présent	Imparfait	Passé composé
je suis invité(e)	j' étais invité(e)	j' ai été invité(e)
tu es invité(e)	tu étais invité(e)	tu as été invité(e)
il / elle est invité(e)	il / elle était invité(e)	il / elle a été invité(e)
nous sommes invité(e)s	nous étions invité(e)s	nous avons été invité(e)
vous êtes invité(e)s	vous étiez invité(e)s	vous avez été invité(e)
ils / elles sont invité(e)s	ils / elles étaient invité(e)s	ils / elles ont été invité(e)

IMPÉRATIF Présent	
sois	invité(e)
soyons	invité(e)s
soyez	invité(e)s

INDICATIF			CONDITIONNEL			SUBJONCTIF		
Futur			Présent			Présent		
je	me	coucher-**ai**	je	me	coucher-**ais**	que je	me	couch-**e**
tu	te	coucher-**as**	tu	te	coucher-**ais**	que tu	te	couch-**es**
il / elle	se	coucher-**a**	il / elle	se	coucher-**ait**	qu'il / elle	se	couch-**e**
nous	nous	coucher-**ons**	nous	nous	coucher-**ions**	que nous	nous	couch-**ions**
vous	vous	coucher-**ez**	vous	vous	coucher-**iez**	que vous	vous	couch-**iez**
ils / elles	se	coucher-**ont**	ils / elles	se	coucher-**aient**	qu'ils / elles	se	couch-**ent**

PARTICIPE Présent
se couch**ant**

INDICATIF			CONDITIONNEL			SUBJONCTIF		
Futur			Présent			Présent		
je	**serai**	invité(e)	je	**serais**	invité(e)	que je	**sois**	invité(e)
tu	**seras**	invité(e)	tu	**serais**	invité(e)	que tu	**sois**	invité(e)
il / elle	**sera**	invité(e)	il / elle	**serait**	invité(e)	qu'il / elle	**soit**	invité(e)
nous	**serons**	invité(e)s	nous	**serions**	invité(e)s	que nous	**soyons**	invité(e)s
vous	**serez**	invité(e)s	vous	**seriez**	invité(e)s	que vous	**soyez**	invité(e)s
ils / elles	**seront**	invité(e)s	ils / elles	**seraient**	invité(e)s	qu'ils / elles	**soient**	invité(e)s

PARTICIPE Présent
étant invité(e)

159

Finir

LES VERBES DU 2ᵉ GROUPE : infinitif en -ir

INDICATIF			
Présent	Imparfait	Passé composé	Futur
je **fini**-s	je **finiss**-ais	j' ai fini	je **finir**-ai
tu fini-s	tu finiss-ais	tu as fini	tu finir-as
il / elle fini-t	il / elle finiss-ait	il / elle a fini	il / elle finir-a
nous **finiss**-ons	nous finiss-ions	nous avons fini	nous finir-ons
vous finiss-ez	vous finiss-iez	vous avez fini	vous finir-ez
ils / elles finiss-ent	ils / elles finiss-aient	ils / elles ont fini	ils / elles finir-ont

Aller   S'asseoir   Battre

LES VERBES DU 3ᵉ GROUPE

INDICATIF		
Présent	Imparfait	Passé composé
je vais	j' **all**-ais	je suis allé(e)
tu vas	tu all-ais	tu es allé(e)
il / elle va	il / elle all-ait	il / elle est allé(e)
nous **all**-ons	nous all-ions	nous sommes allé(e)
vous all-ez	vous all-iez	vous êtes allé(e)
ils / elles vont	ils / elles all-aient	ils / elles sont allé(e)
je m' **assied**-s	je m' **assey**-ais	je me suis assis(•
tu t' assied-s	tu t' assey-ais	tu t' es assis(•
il / elle s' assied	il / elle s' assey-ait	il / elle s' est assis(•
nous nous **assey**-ons	nous nous assey-ions	nous nous sommes assis(•
vous vous assey-ez	vous vous assey-iez	vous vous êtes assis(•
ils / elles s' assey-ent	ils / elles s' assey-aient	ils / elles se sont assis(•
je **bat**-s	je **batt**-ais	j' ai battu
tu bat-s	tu batt-ais	tu as battu
il / elle bat	il / elle batt-ait	il / elle a battu
nous **batt**-ons	nous batt-ions	nous avons battu
vous batt-ez	vous batt-iez	vous avez battu
ils / elles batt-ent	ils / elles batt-aient	ils / elles ont battu

CONDITIONNEL	SUBJONCTIF	IMPÉRATIF	PARTICIPE
Présent	Présent	Présent	Présent
je **finir**-ais	que je **finiss**-e	finis	finissant
tu finir-ais	que tu finiss-es	**finiss**ons	
il / elle finir-ait	qu'il / elle finiss-e	finissez	**Passé**
nous finir-ions	que nous finiss-ions		
vous finir-iez	que vous finiss-iez		fini
ils / elles finir-aient	qu'ils / elles finiss-ent		

	Futur	CONDITIONNEL Présent	SUBJONCTIF Présent	IMPÉRATIF Présent
	j' **ir**-ai	j' **ir**-ais	que j' **aill**-e	va
	tu ir-as	tu ir-ais	que tu aill-es	allons
	il / elle ir-a	il / elle ir-ait	qu'il / elle aill-e	allez
	nous ir-ons	nous ir-ions	que nous **all**-ions	
	vous ir-ez	vous ir-iez	que vous all-iez	**PARTICIPE** Présent / Passé
	ils / elles ir-ont	ils / elles ir-aient	qu'ils / elles **aill**-ent	allant / allé
	je m' **assiér**-ai	je m' **assiér**-ais	que je m' **assey**-e	**IMPÉRATIF** Présent
	tu t' assiér-as	tu t' assiér-ass	que tu t' assey-es	assieds-toi
	il / elle s' assiér-a	il / elle s' assiér-ait	qu'il / elle s' assey-e	asseyons-nous
	nous nous assiér-ons	nous nous assiér-ions	que nous nous assey-ions	asseyez-vous
	vous vous assiér-ez	vous vous assiér-iez	que vous vous assey-iez	**PARTICIPE** Présent / Passé
	ils / elles s' assiér-ont	ils / elles s' assiér-aient	qu'ils / elles s' assey-ent	s'asseyant / assis
	je **battr**-ai	je **battr**-ais	que je **batt**-e	**IMPÉRATIF** Présent
	tu battr-as	tu battr-ais	que tu batt-es	bats
	il / elle battr-a	il / elle battr-ait	qu'il / elle batt-e	battons
	nous battr-ons	nous battr-ions	que nous batt-ions	battez
	vous battr-ez	vous battr-iez	que vous batt-iez	**PARTICIPE** Présent / Passé
	ils / elles battr-ont	ils / elles battr-aient	qu'ils / elles batt-ent	battant / battu

161

	INDICATIF		
	Présent	Imparfait	Passé composé
Boire	je **boi**-s	je **buv**-ais	j' ai bu
	tu boi-s	tu buv-ais	tu as bu
	il / elle boi-t	il / elle buv-ait	il / elle a bu
	nous **buv**-ons	nous buv-ions	nous avons bu
	vous buv-ez	vous buv-iez	vous avez bu
	ils / elles **boiv**-ent	ils / elles buv-aient	ils / elles ont bu
Conduire	je **condui**-s	je **conduis**-ais	j' ai conduit
	tu condui-s	tu conduis-ais	tu as conduit
	il / elle condui-t	il / elle conduis-ait	il / elle a conduit
	nous **conduis**-ons	nous conduis-ions	nous avons conduit
	vous conduis-ez	vous conduis-iez	vous avez conduit
	ils / elles conduis-ent	ils / elles conduis-aient	ils / elles ont conduit
Connaître	je **connai**-s	je **connaiss**-ais	j' ai connu
	tu connai-s	tu connaiss-ais	tu as connu
	il / elle connaî-t	il / elle connaiss-ait	il / elle a connu
	nous **connaiss**-ons	nous connaiss-ions	nous avons connu
	vous connaiss-ez	vous connaiss-iez	vous avez connu
	ils / elles connaiss-ent	ils / elles connaiss-aient	ils / elles ont connu
Courir	je **cour**-s	je **cour**-ais	j' ai couru
	tu cour-s	tu cour-ais	tu as couru
	il / elle cour-t	il / elle cour-ait	il / elle a couru
	nous cour-ons	nous cour-ions	nous avons couru
	vous cour-ez	vous cour-iez	vous avez couru
	ils / elles cour-ent	ils / elles cour-aient	ils / elles ont couru
Croire	je **croi**-s	je **croy**-ais	j' ai cru
	tu croi-s	tu croy-ais	tu as cru
	il / elle croi-t	il / elle croy-ait	il / elle a cru
	nous **croy**-ons	nous croy-ions	nous avons cru
	vous croy-ez	vous croy-iez	vous avez cru
	ils / elles **croi**-ent	ils / elles croy-aient	ils / elles ont cru
Cueillir	je **cueill**-e	je **cueill**-ais	j' ai cueilli
	tu cueill-es	tu cueill-ais	tu as cueilli
	il / elle cueill-e	il / elle cueill-ait	il / elle a cueilli
	nous cueill-ons	nous cueill-ions	nous avons cueilli
	vous cueill-ez	vous cueill-iez	vous avez cueilli
	ils / elles cueill-ent	ils / elles cueill-aient	ils / elles ont cueilli

	CONDITIONNEL	SUBJONCTIF	IMPÉRATIF
Futur	Présent	Présent	Présent

je **boir**-ai	je **boir**-ais	que je **boiv**-e	bois
tu boir-as	tu boir-ais	que tu boiv-es	buvons
il / elle boir-a	il / elle boir-ait	qu'il / elle boiv-e	buvez
nous boir-ons	nous boir-ions	que nous **buv**-ions	**PARTICIPE Présent / Passé**
vous boir-ez	vous boir-iez	que vous buv-iez	
ils / elles boir-ont	ils / elles boir-aient	qu'ils / elles **boiv**-ent	buvant / bu

je **conduir**-ai	je **conduir**-ais	que je **conduis**-e	**IMPÉRATIF Présent**
tu conduir-as	tu conduir-ais	que tu conduis-es	conduis
il / elle conduir-a	il / elle conduir-ait	qu'il / elle conduis-e	conduisons
nous conduir-ons	nous conduir-ions	que nous conduis-ions	conduisez
vous conduir-ez	vous conduir-iez	que vous conduis-iez	**PARTICIPE Présent / Passé**
ils / elles conduir-ont	ils / elles conduir-aient	qu'ils / elles conduis-ent	conduisant / conduit

je **connaîtr**-ai	je **connaîtr**-ais	que je **connaiss**-e	**IMPÉRATIF Présent**
tu connaîtr-as	tu connaîtr-ais	que tu connaiss-es	connais
il / elle connaîtr-a	il / elle connaîtr-ait	qu'il / elle connaiss-e	connaissons
nous connaîtr-ons	nous connaîtr-ions	que nous connaiss-ions	connaissez
vous connaîtr-ez	vous connaîtr-iez	que vous connaiss-iez	**PARTICIPE Présent / Passé**
ils / elles connaîtr-ont	ils / elles connaîtr-aient	qu'ils / elles connaiss-ent	connaissant / connu

je **courr**-ai	je **courr**-ais	que je **cour**-e	**IMPÉRATIF Présent**
tu courr-as	tu courr-ais	que tu cour-es	cours
il / elle courr-a	il / elle courr-ait	qu'il / elle cour-e	courons
nous courr-ons	nous courr-ions	que nous cour-ions	courez
vous courr-ez	vous courr-iez	que vous cour-iez	**PARTICIPE Présent / Passé**
ils / elles courr-ont	ils / elles courr-aient	qu'ils / elles cour-ent	courant / couru

je **croir**-ai	je **croir**-ais	que je **croi**-e	**IMPÉRATIF Présent**
tu croir-as	tu croir-ais	que tu croi-es	crois
il / elle croir-a	il / elle croir-ait	qu'il / elle croi-e	croyons
nous croir-ons	nous croir-ions	que nous **croy**-ions	croyez
vous croir-ez	vous croir-iez	que vous croy-iez	**PARTICIPE Présent / Passé**
ils / elles croir-ont	ils / elles croir-aient	qu'ils / elles **croi**-ent	croyant / cru

je **cueiller**-ai	je **cueiller**-ais	que je **cueill**-e	**IMPÉRATIF Présent**
tu cueiller-as	tu cueiller-ais	que tu cueill-es	cueille
il / elle cueiller-a	il / elle cueiller-ait	qu'il / elle cueill-e	cueillons
nous cueiller-ons	nous cueiller-ions	que nous cueill-ions	cueill**ez**
vous cueiller-ez	vous cueiller-iez	que vous cueill-iez	**PARTICIPE Présent / Passé**
ils / elles cueiller-ont	ils / elles cueiller-aient	qu'ils / elles cueill-ent	cueillant / cueilli

163

	INDICATIF		
	Présent	Imparfait	Passé composé
Devoir	je **doi**-s	je **dev**-ais	j' ai dû
	tu doi-s	tu dev-ais	tu as dû
	il / elle doi-t	il / elle dev-ait	il / elle a dû
	nous **dev**-ons	nous dev-ions	nous avons dû
	vous dev-ez	vous dev-iez	vous avez dû
	ils / elles **doiv**-ent	ils / elles dev-aient	ils / elles ont dû
Dire	je **di**-s	je **dis**-ais	j' ai dit
	tu di-s	tu dis-ais	tu as dit
	il / elle di-t	il / elle dis-ait	il / elle a dit
	nous **dis**-ons	nous dis-ions	nous avons dit
	vous **dites**	vous dis-iez	vous avez dit
	ils / elles dis-ent	ils / elles dis-aient	ils / elles ont dit
Dormir	je **dor**-s	je **dorm**-ais	j' ai dormi
	tu dor-s	tu dorm-ais	tu as dormi
	il / elle dor-t	il / elle dorm-ait	il / elle a dormi
	nous **dorm**-ons	nous dorm-ions	nous avons dormi
	vous dorm-ez	vous dorm-iez	vous avez dormi
	ils / elles dorm-ent	ils / elles dorm-aient	ils / elles ont dormi
Écrire	j' **écri**-s	j' **écriv**-ais	j' ai écrit
	tu écri-s	tu écriv-ais	tu as écrit
	il / elle écri-t	il / elle écriv-ait	il / elle a écrit
	nous **écriv**-ons	nous **écriv**-ions	nous avons écrit
	vous écriv-ez	vous écriv-iez	vous avez écrit
	ils / elles écriv-ent	ils / elles écriv-aient	ils / elles ont écrit
Éteindre	j' **étein**-s	j' **éteign**-ais	j' ai éteint
	tu étein-s	tu éteign-ais	tu as éteint
	il / elle étein-t	il / elle éteign-ait	il / elle a éteint
	nous **éteign**-ons	nous éteign-ions	nous avons éteint
	vous éteign-ez	vous éteign-iez	vous avez éteint
	ils / elles éteign-ent	ils / elles éteign-aient	ils / elles ont éteint
Faire	je **fai**-s	je **fais**-ais	j' ai fait
	tu fai-s	tu fais-ais	tu as fait
	il / elle fai-t	il / elle fais-ait	il / elle a fait
	nous **fais**-ons	nous fais-ions	nous avons fait
	vous **faites**	vous fais-iez	vous avez fait
	ils / elles **font**	ils / elles fais-aient	ils / elles ont fait

	CONDITIONNEL	SUBJONCTIF	IMPÉRATIF
Futur	Présent	Présent	Présent
je **devr**-ai tu devr-as il / elle devr-a nous devr-ons vous devr-ez ils / elles devr-ont	je **devr**-ais tu devr-ais il / elle devr-ait nous devr-ions vous devr-iez ils / elles devr-aient	que je **doiv**-e que tu doiv-es qu'il / elle doiv-e que nous **dev**-ions que vous dev-iez qu'ils /elles **doiv**-ent	*n'existe pas* **PARTICIPE** Présent / Passé devant / dû
je **dir**-ai tu dir-as il / elle dir-a nous dir-ons vous dir-ez ils / elles dir-ont	je **dir**-ais tu dir-ais il / elle dir-ait nous dir-ions vous dir-iez ils / elles dir-aient	que je **dis**-e que tu dis-es qu'il / elle dis-e que nous dis-ions que vous dis-iez qu'ils / elles dis-ent	**IMPÉRATIF** Présent dis disons dites **PARTICIPE** Présent /Passé disant / dit
je **dormir**-ai tu dormir-as il / elle dormir-a nous dormir-ons vous dormir-ez ils / elles dormir-ont	je **dormir**-ais tu dormir-ais il / elle dormir-ait nous dormir-ions vous dormir-iez ils / elles dormir-aient	que je **dorm**-e que tu dorm-es qu'il / elle dorm-e que nous dorm-ions que vous dorm-iez qu'ils / elles dorm-ent	**IMPÉRATIF** Présent dors dormons dormez **PARTICIPE** Présent /Passé dormant / dormi
j' **écrir**-ai tu écrir-as il / elle écrir-a nous écrir-ons vous écrir-ez ils / elles écrir-ont	j' **écrir**-ais tu écrir-ais il / elle écrir-ait nous écrir-ions vous écrir-iez ils / elles écrir-aient	que j' **écriv**-e que tu écriv-es qu'il / elle écriv-e que nous écriv-ions que vous écriv-iez qu'ils / elles écriv-ent	**IMPÉRATIF** Présent écris écrivons écrivez **PARTICIPE** Présent /Passé écrivant / écrit
j' **éteindr**-ai tu éteindr-as il / elle éteindr-a nous éteindr-ons vous éteindr-ez ils / elles éteindr-ont	j' **éteindr**-ais tu éteindr-ais il / elle éteindr-ait nous éteindr-ions vous éteindr-iez ils / elles éteindr-aient	que j' **éteign**-e que tu éteign-es qu'il / elle éteign-e que nous éteign-ions que vous éteign-iez qu'ils / elles éteign-ent	**IMPÉRATIF** Présent éteins éteignons éteignez **PARTICIPE** Présent /Passé éteignant / éteint
je **fer**-ai tu fer-as il / elle fer-a nous fer-ons vous fer-ez ils / elles fer-ont	je **fer**-ais tu fer-ais il / elle fer-ait nous fer-ions vous fer-iez ils / elles fer-aient	que je **fass**-e que tu fass-es qu'il / elle fass-e que nous fass-ions que vous fass-iez qu'ils / elles fass-ent	**IMPÉRATIF** Présent fais faisons faites **PARTICIPE** Présent /Passé faisant / fait

	INDICATIF		
	Présent	Imparfait	Passé composé
Falloir	il fau-t	il fall-ait	il a fallu
Lire	je **li**-s tu li-s il / elle li-t nous **lis**-ons vous lis-ez ils / elles lis-ent	je **lis**-ais tu lis-ais il / elle lis-ait nous lis-ions vous lis-iez ils / elles lis-aient	j' ai lu tu as lu il / elle a lu nous avons lu vous avez lu ils / elles ont lu
Mettre	je **met**-s tu met-s il / elle met nous **mett**-ons vous mett-ez ils / elles mett-ent	je **mett**-ais tu mett-ais il / elle mett-ait nous mett-ions vous mett-iez ils / elles mett-aient	j' ai mis tu as mis il / elle a mis nous avons mis vous avez mis ils / elles ont mis
Mourir	je **meur**-s tu meur-s il / elle meur-t nous **mour**-ons vous mour-ez ils / elles **meur**-ent	je **mour**-ais tu mour-ais il / elle mour-ait nous mour-ions vous mour-iez ils / elles mour-aient	je suis mort(e) tu es mort(e) il / elle est mort(e) nous sommes mort(e)s vous êtes mort(e)s ils / elles sont mort(e)s
Ouvrir	j' **ouvr**-e tu ouvr-s il / elle ouvr-e nous ouvr-ons vous ouvr-ez ils / elles ouvr-ent	j' **ouvr**-ais tu ouvr-ais il / elle ouvr-ait nous ouvr-ions vous ouvr-iez ils / elles ouvr-aient	j' ai ouvert tu as ouvert il / elle a ouvert nous avons ouvert vous avez ouvert ils / elles ont ouvert
Partir	je **par**-s tu par-s il / elle par-t nous **part**-ons vous part-ez ils / elles part-ent	je **part**-ais tu part-ais il / elle part-ait nous part-ions vous part-iez ils / elles part-aient	je suis parti(e) tu es parti(e) il / elle est parti(e) nous sommes parti(e)s vous êtes parti(e)s ils / elles sont parti(e)s

	Futur		Présent		Présent		Présent
			CONDITIONNEL		**SUBJONCTIF**		**IMPÉRATIF**
			Présent		Présent		Présent
							n'existe pas
il	faudr-a	il	faudr-ait	qu'il	faill-e		PARTICIPE Présent / Passé
							n'existe pas
							IMPÉRATIF Présent
je	**lir**-ai	je	**lir**-ais	que je	**lis**-e		lis
tu	lir-as	tu	lir-ais	que tu	lis-es		lisons
il / elle	lir-a	il / elle	lir-ait	qu'il / elle	lis-e		lisez
nous	lir-ons	nous	lir-ions	que nous	lis-ions		PARTICIPE Présent / Passé
vous	lir-ez	vous	lir-iez	que vous	lis-iez		
ils / elles	lir-ont	ils / elles	lir-aient	qu'ils / elles	lis-ent		lisant / lu
							IMPÉRATIF Présent
je	**mettr**-ai	je	**mettr**-ais	que je	**mett**-e		mets
tu	mettr-as	tu	mettr-ais	que tu	mett-es		mettons
il / elle	mettr-a	il / elle	mettr-ait	qu'il / elle	mett-e		mettez
nous	mettr-ons	nous	mettr-ions	que nous	mett-ions		PARTICIPE Présent / Passé
vous	mettr-ez	vous	mettr-iez	que vous	mett-iez		
ils / elles	mettr-ont	ils / elles	mettr-aient	qu'ils / elles	mett-ent		mettant / mis
							IMPÉRATIF Présent
je	**mourr**-ai	je	**mourr**-ais	que je	**meur**-e		meurs
tu	mourr-as	tu	mourr-ais	que tu	meur-es		mourons
il / elle	mourr-a	il / elle	mourr-ait	qu'il / elle	meur-e		mourez
nous	mourr-ons	nous	mourr-ions	que nous	**mour**-ions		PARTICIPE Présent / Passé
vous	mourr-ez	vous	mourr-iez	que vous	mour-iez		
ils / elles	mourr-ont	ils / elles	mourr-aient	qu'ils / elles	**meur**-ent		mourant / mort
							IMPÉRATIF Présent
j'	**ouvrir**-ai	j'	**ouvrir**-ais	que j'	**ouvr**-e		ouvre
tu	ouvrir-as	tu	ouvrir-ais	que tu	ouvr-es		ouvrons
il / elle	ouvrir-a	il / elle	ouvrir-ait	qu'il / elle	ouvr-e		ouvrez
nous	ouvrir-ons	nous	ouvrir-ions	que nous	ouvr-ions		PARTICIPE Présent / Passé
vous	ouvrir-ez	vous	ouvrir-iez	que vous	ouvr-iez		
ils / elles	ouvrir-ont	ils / elles	ouvrir-aient	qu'ils / elles	ouvr-ent		ouvrant / ouvert
							IMPÉRATIF Présent
je	**partir**-ai	je	**partir**-ais	que je	**part**-e		pars
tu	partir-as	tu	partir-ais	que tu	part-es		partons
il / elle	partir-a	il / elle	partir-ait	qu'il / elle	part-e		partez
nous	partir-ons	nous	partir-ions	que nous	part-ions		PARTICIPE Présent / Passé
vous	partir-ez	vous	partir-iez	que vous	part-iez		
ils / elles	partir-ont	ils / elles	partir-aient	qu'ils / elles	part-ent		partant / parti

	INDICATIF		
	Présent	Imparfait	Passé composé
Plaire	je **plai**-s tu plai-s il / elle plaî-t nous **plais**-ons vous plais-ez ils / elles plais-ent	je **plais**-ais tu plais-ais il / elle plais-ait nous plais-ions vous plais-iez ils / elles plais-aient	j' ai plu tu as plu il / elle a plu nous avons plu vous avez plu ils / elles ont plu
Pleuvoir	il pleu-t	il pleuv-ait	il a plu
Pouvoir	je **peu**-x tu peu-x il / elle peu-t nous **pouv**-ons vous pouv-ez ils / elles **peuv**-ent	je **pouv**-ais tu pouv-ais il / elle pouv-ait nous pouv-ions vous pouv-iez ils / elles pouv-aient	j' ai pu tu as pu il / elle a pu nous avons pu vous avez pu ils / elles ont pu
Prendre	je **prend**-s tu prend-s il / elle prend nous **pren**-ons vous pren-ez ils / elles **prenn**-ent	je **pren**-ais tu pren-ais il / elle pren-ait nous pren-ions vous pren-iez ils / elles pren-aient	j' ai pris tu as pris il / elle a pris nous avons pris vous avez pris ils / elles ont pris
Recevoir	je **reçoi**-s tu reçoi-s il / elle reçoi-t nous **recev**-ons vous recev-ez ils / elles **reçoiv**-ent	je **recev**-ais tu recev-ais il / elle recev-ait nous recev-ions vous recev-iez ils / elles recev-aient	j' ai reçu tu as reçu il / elle a reçu nous avons reçu vous avez reçu ils / elles ont reçu
Rire	je **ri**-s tu ri-s il / elle ri-t nous ri-ons vous ri-ez ils / elles ri-ent	je **ri**-ais tu ri-ais il / elle ri-ait nous ri-ions vous ri-iez ils / elles ri-aient	j' ai ri tu as ri il / elle a ri nous avons ri vous avez ri ils / elles ont ri

	CONDITIONNEL	SUBJONCTIF	IMPÉRATIF
Futur	**Présent**	**Présent**	**Présent**

Futur	Conditionnel Présent	Subjonctif Présent	Impératif / Participe
je **plair**-ai	je **plair**-ais	que je **plais**-e	plais
tu plair-as	tu plair-ais	que tu plais-es	plaisons
il / elle plair-a	il / elle plair-ait	qu'il / elle plais-e	plaisez
nous plair-ons	nous plair-ions	que nous plais-ions	**PARTICIPE** Présent
vous plair-ez	vous plair-iez	que vous plais-iez	
ils / elles plair-ont	ils / elles plair-aient	qu'ils / elles plais-ent	plaisant / plu
			IMPÉRATIF / PARTICIPES
il pleuvr-a	il pleuvr-ait	qu'il pleuv-e	*n'existent pas*
			IMPÉRATIF Présent
je **pourr**-ai	je **pourr**-ais	que je **puiss**-e	*n'existe pas*
tu pourr-as	tu pourr-ais	que tu puiss-es	
il / elle pourr-a	il / elle pourr-ait	qu'il / elle puiss-e	
nous pourr-ons	nous pourr-ions	que nous puiss-ions	**PARTICIPE** Présent / Passé
vous pourr-ez	vous pourr-iez	que vous puiss-iez	
ils / elles pourr-ont	ils / elles pourr-aient	qu'ils / elles puiss-ent	pouvant / pu
			IMPÉRATIF Présent
je **prendr**-ai	je **prendr**-ais	que je **prenn**-e	prends
tu prendr-as	tu prendr-ais	que tu prenn-es	prenons
il / elle prendr-a	il / elle prendr-ait	qu'il / elle prenn-e	prenez
nous prendr-ons	nous prendr-ions	que nous **pren**-ions	**PARTICIPE** Présent / Passé
vous prendr-ez	vous prendr-iez	que vous pren-iez	
ils / elles prendr-ont	ils / elles prendr-aient	qu'ils / elles **prenn**-ent	prenant / pris
			IMPÉRATIF Présent
je **recevr**-ai	je **recevr**-ais	que je **reçoiv**-e	reçois
tu recevr-as	tu recevr-ais	que tu reçoiv-es	recevons
il / elle recevr-a	il / elle recevr-ait	qu'il / elle reçoiv-e	recevez
nous recevr-ons	nous recevr-ions	que nous **recev**-ions	**PARTICIPE** Présent / Passé
vous recevr-ez	vous recevr-iez	que vous recev-iez	
ils / elles recevr-ont	ils / elles recevr-aient	qu'ils / elles **reçoiv**-ent	recevant / reçu
			IMPÉRATIF Présent
je **rir**-ai	je **rir**-ais	que je **ri**-e	ris
tu rir-as	tu rir-ais	que tu ri-es	rions
il / elle rir-a	il / elle rir-ait	qu'il / elle ri-e	riez
nous rir-ons	nous rir-ions	que nous ri-ions	**PARTICIPE** Présent / Passé
vous rir-ez	vous rir-iez	que vous ri-iez	
ils / elles rir-ont	ils / elles rir-aient	qu'ils / elles ri-ent	riant / ri

169

	INDICATIF		
	Présent	Imparfait	Passé composé
Savoir	je **sai**-s tu sai-s il / elle sai-t nous **sav**-ons vous sav-ez ils / elles sav-ent	je **sav**-ais tu sav-ais il / elle sav-ait nous sav-ions vous sav-iez ils / elles sav-aient	j' ai su tu as su il / elle a su nous avons su vous avez su ils / elles ont su
Servir	je **ser**-s tu ser-s il / elle ser-t nous **serv**-ons vous serv-ez ils / elles serv-ent	je **serv**-ais tu serv-ais il / elle serv-ait nous serv-ions vous serv-iez ils / elles serv-aient	j' ai servi tu as servi il / elle a servi nous avons servi vous avez servi ils / elles ont servi
Suivre	je **sui**-s tu sui-s il / elle sui-t nous **suiv**-ons vous suiv-ez ils / elles suiv-ent	je **suiv**-ais tu suiv-ais il / elle suiv-ait nous suiv-ions vous suiv-iez ils / elles suiv-aient	j' ai suivi tu as suivi il / elle a suivi nous avons suivi vous avez suivi ils / elles ont suivi
Tenir	je **tien**-s tu tien-s il / elle tien-t nous **ten**-ons vous ten-ez ils / elles **tienn**-ent	je **ten**-ais tu ten-ais il / elle ten-ait nous ten-ions vous ten-iez ils / elles ten-aient	j' ai tenu tu as tenu il / elle a tenu nous avons tenu vous avez tenu ils / elles ont tenu
Vendre	je **vend**-s tu vend-s il / elle vend nous vend-ons vous vend-ez ils / elles vend-ent	je **vend**-ais tu vend-ais il / elle vend-ait nous vend-ions vous vend-iez ils / elles vend-aient	j' ai vendu tu as vendu il / elle a vendu nous avons vendu vous avez vendu ils / elles ont vendu
Venir	je **vien**-s tu vien-s il / elle vien-t nous **ven**-ons vous ven-ez ils / elles **vienn**-ent	je **ven**-ais tu ven-ais il / elle ven-ait nous ven-ions vous ven-iez ils / elles ven-aient	je suis venu(e) tu es venu(e) il / elle est venu(e) nous sommes venu(e)s vous êtes venu(e)s ils / elles sont venu(e)s

	CONDITIONNEL	SUBJONCTIF	IMPÉRATIF
Futur	Présent	Présent	Présent
je **saur**-ai	je **saur**-ais	que je **sach**-e	sache
tu saur-as	tu saur-ais	que tu sach-es	sachons
il / elle saur-a	il / elle saur-ait	qu'il / elle sach-e	sachez
nous saur-ons	nous saur-ions	que nous sach-ions	
vous saur-ez	vous saur-iez	que vous sach-iez	**PARTICIPE Présent / Passé**
ils / elles saur-ont	ils / elles saur-aient	qu'ils / elles sach-ent	sachant / su
je **servir**-ai	je **servir**-ais	que je **serv**-e	**IMPÉRATIF Présent**
tu servir-as	tu servir-ais	que tu serv-es	sers
il / elle servir-a	il / elle servir-ait	qu'il / elle serv-e	servons
nous servir-ons	nous servir-ions	que nous serv-ions	servez
vous servir-ez	vous servir-iez	que vous serv-iez	**PARTICIPE Présent / Passé**
ils / elles servir-ont	ils / elles servir-aient	qu'ils / elles serv-ent	servant / servi
je **suivr**-ai	je **suivr**-ais	que je **suiv**-e	**IMPÉRATIF Présent**
tu suivr-as	tu suivr-ais	que tu suiv-es	suis
il / elle suivr-a	il / elle suivr-ait	qu'il / elle suiv-e	suivons
nous suivr-ons	nous suivr-ions	que nous suiv-ions	suivez
vous suivr-ez	vous suivr-iez	que vous suiv-iez	**PARTICIPE Présent / Passé**
ils / elles suivr-ont	ils / elles suivr-aient	qu'ils / elles suiv-ent	suivant / suivi
je **tiendr**-ai	je **tiendr**-ais	que je **tienn**-e	**IMPÉRATIF Présent**
tu tiendr-as	tu tiendr-ais	que tu tienn-es	tiens
il / elle tiendr-a	il / elle tiendr-ait	qu'il / elle tienn-e	tenons
nous tiendr-ons	nous tiendr-ions	que nous **ten**-ions	tenez
vous tiendr-ez	vous tiendr-iez	que vous ten-iez	**PARTICIPE Présent / Passé**
ils / elles tiendr-ont	ils / elles tiendr-aient	qu'ils / elles **tienn**-ent	tenant / tenu
je **vendr**-ai	je **vendr**-ais	que je **vend**-e	**IMPÉRATIF Présent**
tu vendr-as	tu vendr-ais	que tu vend-es	vends
il / elle vendr-a	il / elle vendr-ait	qu'il / elle vend-e	vendons
nous vendr-ons	nous vendr-ions	que nous vend-ions	vendez
vous vendr-ez	vous vendr-iez	que vous vend-iez	**PARTICIPE Présent / Passé**
ils / elles vendr-ont	ils / elles vendr-aient	qu'ils / elles vend-ent	vendant / vendu
je **viendr**-ai	je **viendr**-ais	que je **vienn**-e	**IMPÉRATIF Présent**
tu viendr-as	tu viendr-ais	que tu vienn-es	viens
il / elle viendr-a	il / elle viendr-ait	qu'il / elle vienn-e	venons
nous viendr-ons	nous viendr-ions	que nous **ven**-ions	venez
vous viendr-ez	vous viendr-iez	que vous ven-iez	**PARTICIPE Présent / Passé**
ils / elles viendr-ont	ils / elles viendr-aient	qu'ils / elles **vienn**-ent	venant / venu

	INDICATIF	
Présent	Imparfait	Passé composé

Vivre

Présent	Imparfait	Passé composé
je **vi**-s	je **viv**-ais	j' ai vécu
tu vi-s	tu viv-ais	tu as vécu
il / elle vi-t	il / elle viv-ait	il / elle a vécu
nous **viv**-ons	nous viv-ions	nous avons vécu
vous viv-ez	vous viv-iez	vous avez vécu
ils / elles viv-ent	ils / elles viv-aient	ils / elles ont vécu

Voir

Présent	Imparfait	Passé composé
je **voi**-s	je **voy**-ais	j' ai vu
tu voi-s	tu voy-ais	tu as vu
il / elle voi-t	il / elle voy-ait	il / elle a vu
nous **voy**-ons	nous voy-ions	nous avons vu
vous voy-ez	vous voy-iez	vous avez vu
ils / elles **voi**-ent	ils / elles voy-aient	ils / elles ont vu

Vouloir

Présent	Imparfait	Passé composé
je **veu**-x	je **voul**-ais	j' ai voulu
tu veu-x	tu voul-ais	tu as voulu
il / elle veu-t	il / elle voul-ait	il / elle a voulu
nous **voul**-ons	nous voul-ions	nous avons voulu
vous voul-ez	vous voul-iez	vous avez voulu
ils / elles **veul**-ent	ils / elles voul-aient	ils / elles ont voulu

Verbes se conjuguant sur les modèles du 3e groupe

Accueillir	→ cueillir	**Descendre**	→ vendre
Apercevoir	→ recevoir	**Détruire**	→ conduire
Appartenir	→ tenir	**Devenir**	→ venir
Apprendre	→ prendre	**Disparaître**	→ connaître
Attendre	→ vendre		
		Élire	→ lire
Comprendre	→ prendre	**S'endormir**	→ dormir
Construire	→ conduire	**Entendre**	→ vendre
Couvrir	→ ouvrir		
Cuire	→ conduire	**Inscrire**	→ écrire
		Interdire	→ dire
			(Au présent de l'indicatif : vous interdisez.)
Décevoir	→ recevoir		
Décrire	→ écrire		
Défaire	→ faire	**Mentir**	→ partir
Défendre	→ vendre	**Mordre**	→ vendre

	CONDITIONNEL	SUBJONCTIF	IMPÉRATIF
Futur	Présent	Présent	Présent

je **vivr**-ai	je **vivr**-ais	que je **viv**-e	vis
tu vivr-as	tu vivr-ais	que tu viv-es	vivons
il / elle vivr-a	il / elle vivr-ait	qu'il / elle viv-e	vivez
nous vivr-ons	nous vivr-ions	que nous viv-ions	
vous vivr-ez	vous vivr-iez	que vous viv-iez	**PARTICIPE** Présent / Passé
ils / elles vivr-ont	ils / elles vivr-aient	qu'ils / elles viv-ent	vivant / vécu

			IMPÉRATIF Présent
je **verr**-ai	je **verr**-ais	que je **voi**-e	vois
tu verr-as	tu verr-ais	que tu voi-es	voyons
il / elle verr-a	il / elle verr-ait	qu'il / elle voi-e	voyez
nous verr-ons	nous verr-ions	que nous **voy**-ions	
vous verr-ez	vous verr-iez	que vous voy-iez	**PARTICIPE** Présent / Passé
ils / elles verr-ont	ils / elles verr-aient	qu'ils / elles **voi**-ent	voyant / vu

			IMPÉRATIF Présent
je **voudr**-ai	je **voudr**-ais	que je **veuill**-e	veuille
tu voudr-as	tu voudr-ais	que tu veuill-es	veuillons
il / elle voudr-a	il / elle voudr-ait	qu'il / elle veuill-e	veuillez
nous voudr-ons	nous voudr-ions	que nous **voul**-ions	
vous voudr-ez	vous voudr-iez	que vous voul-iez	**PARTICIPE** Présent / Passé
ils / elles voudr-ont	ils / elles voudr-aient	qu'ils / elles **veuill**-ent	voulant / voulu

Obtenir	→ tenir	**Rendre**	→ vendre
Offrir	→ ouvrir	**Répondre**	→ vendre
		Retenir	→ tenir
Paraître	→ connaître	**Revenir**	→ venir
Peindre	→ éteindre	**Revoir**	→ voir
Perdre	→ vendre		
Permettre	→ mettre	**Se souvenir de**	→ venir
Prévenir	→ venir	**Sentir**	→ partir
	(Attention : auxiliaire « avoir » aux temps composés.)	**Se taire**	→ plaire
Produire	→ conduire	**Sortir**	→ partir
Promettre	→ mettre	**Souffrir**	→ ouvrir
		Sourire	→ rire
Reconnaître	→ connaître		
Refaire	→ faire	**Tendre**	→ vendre
		Traduire	→ conduire

173

A

Accepter

qqch	Cette école accepte les enfants à partir de 3 ans.
de	Il a accepté de me prêter sa voiture.
que + subjonctif	Il a accepté que je lui rende sa voiture dans une semaine.

Acheter

qqch à qqn	J'ai acheté des bonbons aux enfants.

Adorer

qqch	J'adore le chocolat noir.
qqn	Il adore ses enfants.
+ infinitif	J'adore danser !

Aider

qqn	Je n'arrive pas à ouvrir cette porte. Pouvez-vous m'aider ?
qqn à + infinitif	Il a aidé la vieille dame à ouvrir la porte.

Aimer

qqn	Je t'aimerai toujours !
qqch	Est-ce que tu aimes le champagne ?
+ infinitif	Il aime se lever tard.

Aimer bien que

+ subjonctif	J'aimerais bien que vous veniez dîner dimanche.

Aller

+ un lieu	Est-ce que vous êtes déjà allés en Russie ?
à qqn	Cette robe rouge va très bien à Sophie.
+ infinitif (mouvement)	Je vais chercher les enfants à l'école tous les jours.
+ inf. (valeur de futur proche)	Je vais faire un stage d'informatique le mois prochain.

S'en aller

Il est minuit. Au revoir ! Je m'en vais.

Annoncer

qqch à qqn	Ils annoncent la nouvelle à leurs amis.
que + indicatif	Camille et Jean ont annoncé qu'ils allaient se marier.

Apercevoir

qqch	Des fenêtres de l'hôtel, on aperçoit la mer.

S'apercevoir

que + indicatif	En ouvrant mon sac, je me suis aperçu que j'avais oublié mon porte-monnaie.

ERBALES

Appartenir
  à qqn   Le château et le parc de Versailles appartiennent à l'État français.

Appeler
  qqn   On peut appeler la secrétaire à partir de 9h.

S'appeler
                         Comment s'appelle cet enfant ? Il s'appelle Hugo.

Apporter
  qqch   Les enfants apportent leurs livres à l'école chaque jour.
  qqch à qqn   Elle a apporté des fleurs à ses amis.

S'approcher
  de qqn / qqch   Il ne faut pas s'approcher du feu. C'est dangereux .

Appuyer
  sur qqch   Appuyez sur le bouton rouge pour ouvrir le lave-vaisselle.

Apprendre
  qqch   J'ai appris cette chanson en l'écoutant chaque jour.
  à + infinitif   On peut apprendre à jouer du piano dès l'âge de 4 ans.
  à + infinitif à qqn   M. Durand a appris à lire à sa fille.
  que + indicatif   On apprend que le Président assistera au match de foot.

Arrêter
  qqn   L'agent de police a arrêté le conducteur qui roulait trop vite.
  de + infinitif   Arrête de pleurer comme ça ! Tu n'es plus un bébé !

S'arrêter
                         Le train ne s'arrête pas entre Paris et Lille.

Arriver
                         Le train est arrivé à l'heure.
  + un lieu   Pour arriver à la poste, prenez la 1ère rue à gauche.
  à + infinitif   Cet exercice est très difficile. Je n'arrive pas à le faire.

Assister
  à qqch   Beaucoup de journalistes ont assisté au défilé de mode d'YSL.

Attendre
                         Attendez ici. Le médecin va vous recevoir.
  qqn / qqch   À la gare des gens attendent le train et moi, j'attends mes amis.
  de + infinitif   Ils attendent d'avoir assez d'argent pour changer de voiture.
  que + subjonctif   On va bientôt dîner mais on attend que tout le monde soit là.

Avoir
  qqch   Ils ont une villa au bord de la mer.
  à + infinitif   Pour mon examen, j'ai trois livres à étudier.

N'avoir qu'à
  + infinitif   Tu es en retard. Tu n'as qu'à prendre un taxi ! (conseil)

C

Changer

| qqch | Je n'ai plus d'argent, je vais changer des dollars. |
| de + nom | Pour aller à Albi, il faut changer de train à Toulouse. |

Chercher

| qqch | Je chercherai le sens de ce mot dans le dictionnaire. |
| qqn | Je cherche Marie. Vous l'avez vue ? |

Choisir

| qqch | Comme dessert, j'ai choisi une crème au caramel. |
| de + infinitif | Ils ont choisi d'habiter à la campagne. |

Commander

| qqch | Allô ! Je voudrais commander la robe qui est à la page 5 de votre catalogue. |

Commencer

	Le cours commence à 9 h.
qqch	J'ai commencé mes études de droit l'année dernière.
à / de + infinitif	Le petit David a commencé à / de marcher à dix mois.
par + infinitif	Le matin, je commence par prendre un café.
par + nom	En France, le déjeuner commence par des hors-d'œuvre.

Comprendre

qqch	J'ai bien compris ce problème.
qqn	Il parle trop vite, je le comprends mal.
que + subjonctif	Je ne comprends pas qu'on puisse manger des escargots !

Compter

| qqch | J'ai compté les cartes ! Il en manque une ! |
| sur qqn | Tu peux compter sur moi, je t'aiderai. |

Connaître

| qqn | Vous connaissez ce chanteur ? Non, je ne l'ai jamais entendu. |
| qqch | Je connais bien Bordeaux. J'y ai habité dix ans. |

Conseiller

| qqch à qqn | Avec ce plat, je te conseille ce vin blanc sec. |
| à qqn de + infinitif | On a conseillé à Marc de faire un stage dans une entreprise. |

Continuer

| qqch | Il faut continuer vos études jusqu'au bac ! |
| à / de + infinitif | À 70 ans, il continue à / de jouer au tennis. |

Croire

| qqn | Elle m'a dit qu'elle avait trente ans mais je ne la crois pas ! |
| que + indicatif | Je crois qu'il fera beau demain. |

D

Décider

de + infinitif	John a décidé de rester à Paris.
que + indicatif	John a décidé qu'il resterait à Paris.

Défendre

à qqn de + infinitif	Ses parents défendent à Marie de faire de l'auto-stop.
que + subjonctif	Ma sœur défend qu'on fume chez elle.

Demander

qqch à qqn	Je vais demander l'addition au serveur.
à qqn de + infinitif	J'ai demandé à Pierre de m'aider.

Se demander si

Je me demande si j'aurai le temps de finir mon travail ce soir.

Se dépêcher

de + infinitif	Dépêchez-vous d'entrer dans la salle !

Dépendre

de qqn / qqch	Vous passerez le week-end au bord de la mer ? Peut-être, ça dépendra du temps.

Désirer

qqch	Quel vin désirez-vous, Monsieur ?
+ infinitif	Je désire parler à Madame Leduc.
que + subjonctif	Le directeur désire que je lui rende mon rapport demain.

Détester

qqch / qqn	Je déteste le café ! Je déteste cet acteur !
+ infinitif	Je déteste conduire une voiture la nuit.
que + subjonctif	Je déteste qu'on soit en retard.

Devoir

qqch à qqn	Je dois 46 € à Henri.
+ inf. (obligation)	Vous devez avoir un visa pour aller en Chine.
+ inf. (valeur de futur proche)	Mon frère doit arriver par le train de midi. J'irai le chercher.

Dire

qqch à qqn	Il nous a dit « au revoir » et il est parti.
à qqn de + infinitif	Je dirai à Marie de venir dîner.
que + indicatif	Il a dit à Marie qu'il ne pouvait pas venir.

Discuter

de qqch	Nous avons discuté de ce problème toute la soirée.
avec qqn	J'aime beaucoup discuter avec Bernard. Il est très intéressant.

Donner

qqch à qqn	J'ai donné à Sophie ma recette de gâteau au chocolat.
sur	La fenêtre de ma chambre donne sur un petit jardin.

E

Écouter

qqn	Allô madame Ducros ? Oui, je vous écoute !
qqch	J'écoute les nouvelles à la radio le matin à 8 heures.

Écrire

qqch	C'est Victor Hugo qui a écrit « Les Misérables «.
qqch à qqn	J'ai écrit une longue lettre à mes parents pour leur raconter ma vie à Paris.

Emmener

qqn + un lieu	Il a emmené les enfants au cirque.
qqn + infinitif	Il a emmené les enfants faire du bateau.

Empêcher

qqn de faire qqch	Des barrières empêchaient les gens de traverser n'importe où.

Emprunter

qqch à qqn	Pour acheter mon appartement, j'ai emprunté de l'argent à mes parents.

Ennuyer

qqn	Cette émission m'ennuie. Je vais éteindre la télévision.
qqn de + infinitif	Ça m'ennuie d'aller seul au cinéma.

S'ennuyer

	Il pleut. Les enfants s'ennuient. Ils ne savent pas quoi faire.

Enseigner

qqch à qqn	Dans cette école, on enseigne le français aux étudiants étrangers.

Entendre

qqn	Parlez plus fort ! Je vous entends mal.
qqch	Je n'ai jamais entendu cette chanson.

S'entendre avec

	Le petit Alain s'entend mal avec ses cousins. Il se dispute sans cesse avec eux.

Espérer

+ infinitif	J'espère obtenir facilement mon permis de conduire.
que + indicatif	Tout le monde espère qu'il fera beau pour les vacances de Pâques.

Expliquer

qqch à qqn	Le professeur de mathématiques explique un problème à ses élèves.
que + indicatif	Le Président a expliqué que la situation économique était meilleure.

F

Se fâcher

avec qqn	Ils se sont fâchés avec leurs voisins qui font beaucoup de bruit.

Falloir

Il faut + infinitif	Pour aller à l'aéroport de Roissy, il faut prendre le RER B.
Il faut que + subjonctif	Il faut que je parte ce soir avant 20h.

Finir

	Le cours finit à midi.
qqch	Tu viens ? Non, je n'ai pas fini mon travail.
de + infinitif	En général, nous finissons de dîner vers 21 h.
par	Ce repas de fête a fini par un énorme gâteau !

Forcer

qqn à faire qqch	La police a forcé les manifestants à reculer.

H

S'habituer

à qqch	Est-ce que vous vous êtes habitué au climat de Paris ?

Hésiter

à + infinitif	Si tu as un problème, n'hésite pas à me téléphoner !

I

Indiquer

qqch	Ce tableau indique les horaires des trains.
qqch à qqn	Je lui indiquerai la route pour venir chez moi.

Interdire

qqch à qqn	On interdit l'entrée d'un casino aux jeunes de moins de 18 ans.
à qqn de + infinitif	La loi interdit au public de fumer dans une salle de spectacle.

Intéresser

qqn	Il ne regarde pas les matchs de tennis à la télévision. Ça ne l'intéresse pas.

S'intéresser à qqch Je m'intéresse beaucoup à l'astronomie.

J

Jouer

qqch	Au concert, l'orchestre a joué une symphonie de Beethoven.
à qqch (sport, jeu)	Je joue au tennis deux fois par semaine.
de qqch (musique)	Mon grand-père jouait très bien du violon.

L

Lire

qqch	J'adore ce roman. Je l'ai lu trois fois.
qqch à qqn	Avant qu'elle s'endorme, je lis toujours une histoire à ma fille.

179

M

Manquer	Trois étudiants manquent aujourd'hui.
de qqch	Ce plat manque de sel.
à qqn	Denis travaille maintenant à l'étranger. Il manque beaucoup à ses parents.
Il manque	Il manque trois étudiants aujourd'hui.

| **Mentir** | |
| à qqn | C'est un homme malhonnête. Il ment à tout le monde. |

| **Mettre** | |
| qqch | Il avait froid, alors il a mis un gros chandail. |

| **Se mettre** | |
| à + infinitif | En voyant le gros chien, le petit garçon s'est mis à pleurer. |

| **Montrer** | |
| qqch à qqn | Mademoiselle ! Montrez la robe de la vitrine à cette cliente. |

| **Se moquer** | |
| de qqn | Il a dit une bêtise et tout le monde s'est moqué de lui. |

O

| **Obéir** | |
| à qqn | Cet enfant est insupportable. Il n'obéit à personne ! |

| **Obliger** | |
| qqn à + infinitif | La pluie a obligé les promeneurs à rentrer chez eux. |

S'occuper	
de qqn	Le mercredi, elle s'occupe de ses enfants.
de qqch	Mon grand-père est très âgé, mais il s'occupe toujours de son jardin.

| **Offrir** | |
| qqch à qqn | J'ai offert un vélo à mon petit-fils pour Noël. |

Oublier	
qqch	J'oublie toujours le nom de cette fleur.
de + infinitif	Il fait froid ici. Elle a oublié de fermer la fenêtre en partant.

P

| **Paraître** | |
| + adjectif | Vous paraissez fatigué. Vous devriez vous reposer. |

| **Il paraît** | |
| que + indicatif | Il paraît qu'on a découvert une nouvelle planète. |

Parler

une langue	Mon frère parle trois langues : le français, l'anglais et le japonais.
de qqch	Nous avons parlé de politique toute la soirée.
(de qqch) à qqn	Allô ! Je voudrais parler à Catherine de son stage dans l'entreprise Matérix.
avec qqn (de qqch)	Tu vois là-bas la dame qui parle avec mon père. C'est mon professeur.

Participer

à qqch	Le directeur des ventes participera à la réunion.

Partir

	Je voudrais voir Madame Ducros. Désolé ! Elle vient de partir.
+ un lieu	Ce week-end, nous partirons pour Lyon / nous partirons en Bourgogne. Notre train part de la gare de Lyon..

Passer

qqch	Passe le pain à ton voisin !
+ un lieu	En rentrant à la maison, je suis passé à la boulangerie.
+ le temps	J'ai passé de très bonnes vacances en Italie.
+ un examen	Il faut passer un examen pour entrer dans cette école.

Penser

à qqch	Il faut que je pense à l'anniversaire de ma mère.
à qqn	Mes parents me manquent. Je pense beaucoup à eux.
à + infinitif	Pensez à réserver votre place une semaine à l'avance.
que + indicatif	Je pense que j'irai faire du ski à Noël.

Permettre

à qqn de + infinitif	Le règlement permet aux jeunes filles du foyer de sortir jusqu'à 1 h du matin.

Plaire

à qqn	C'est une très jolie histoire qui a beaucoup plu aux enfants.

Pouvoir

+ infinitif	Je ne pourrai pas venir demain soir.

Préférer

qqch	Tu veux une bière ? Non merci, je préfère une tasse de thé.
+ infinitif	Je préfère voir ce film. L'autre est trop violent.
que + subjonctif	Je préfère que tu viennes demain plutôt que samedi. Ça m'arrange.

Prêter

qqch à qqn	Pour ses vacances en Australie, je vais prêter mon caméscope à Julie.

Prévenir

qqn	Si tu changes d'avis, préviens-moi !
qqn que + indicatif	J'ai prévenu Marie que je serais en retard à notre rendez-vous.

Prévoir

qqch	On a prévu la construction d'un pont à cet endroit de la rivière.
que + indicatif	La météo prévoit qu'il y aura une tempête de neige demain.

Promettre

qqch à qqn	Ses grands-parents ont promis un beau cadeau à Fred pour son bac.
de + infinitif	Elle promet à Yvonne d'arriver à l'heure.
que + indicatif	Elle promet à Yvonne qu'elle arrivera à l'heure.

Proposer

qqch à qqn	Le vendeur a proposé à Christine plusieurs modèles de voitures.
(à qqn) de + infinitif	Il fait beau. Je vous propose de déjeuner dehors.

R

Raconter

qqch à qqn	J'ai raconté mon voyage en Inde à tous mes copains.

Rappeler

qqn	Marie n'est pas là. Je la rappellerai demain.

Se rappeler

qqch	Tu te rappelles la soirée chez Tom. C'était génial !

Réfléchir

à qqch	Je n'ai pas eu le temps de réfléchir à cette question.

Refuser

	Paul voulait épouser Claire, mais elle a refusé.
qqch	J'ai refusé ce travail. Il ne m'intéresse pas
de + infinitif	Je refuse de répondre à cette question. Ma vie ne vous regarde pas.
que + subjonctif	Mon professeur refuse que j'écrive au crayon.

Regarder

qqn	Oh ! Regarde la dame avec son chien !
qqch	Jean aime regarder des dessins animés à la télévision.

Regretter

qqn	Ma grand-mère est morte il y a deux ans. Je la regrette beaucoup.
qqch	La vieille dame regrette le temps passé.
de + infinitif	Les vacances sont finies. Tout le monde regrette de partir.
que + subjonctif	Je regrette que tu ne puisses pas nous accompagner.

Remarquer

qqch	J'ai remarqué une erreur dans cet article.
que + indicatif	Vous avez remarqué qu'il y a une nouvelle statue sur la place ?

Remercier

qqn	Votre lettre est très gentille. Je vous remercie.
qqn de qqch	J'ai remercié madame Leduc de sa charmante invitation.

Remplacer

qqn	Le professeur de français ne viendra pas demain. M. Dubois le remplacera.
qqch	La machine à laver est cassée. Il faut la remplacer.

Rencontrer

qqn   Hier, j'ai rencontré une ancienne camarade de classe.

Rendre

qqch à qqn   J'ai rendu à Mathieu la cassette qu'il m'avait prêtée.

Se rendre

à + un lieu   Le Président se rendra à Rome en mars prochain.

Renseigner

qqn sur   L'hôtesse renseigne les touristes sur les visites des musées.

Rentrer

à / dans + un lieu   Le Président rentrera dans la capitale demain.

qqch   Il faut rentrer les chaises du jardin, il va pleuvoir.

Répéter

qqch à qqn   Le touriste répète son nom au réceptionniste.

à qqn que   L'enfant répète à sa mère qu'il veut manger une glace.

Répondre

à qqch   Le professeur répond avec patience aux questions des élèves.

à qqn que   L'homme m'a demandé l'heure. Je lui ai répondu qu'il était neuf heures.

Ressembler

à qqn   Jean ressemble beaucoup à son père.

Se ressembler   Ces deux tableaux de Monet se ressemblent.

Rester

+ un lieu   Je suis fatigué. Je reste chez moi ce soir.

Il reste   Il reste un seul yaourt dans le réfrigérateur.

Retourner

+ un lieu   Un jour, je retournerai dans le village de mon enfance.

Retrouver

qqn   Je vais retrouver Monique devant le cinéma. Nous avons rendez-vous à 8 h.

qqch   Il a retrouvé son passeport qu'il avait perdu il y a deux mois.

Se retrouver   Après le cours, les étudiants se retrouvent dans un café près de l'université.

Réussir

qqch   J'ai réussi mon examen du permis de conduire.

à + infinitif   Après quinze heures de recherches, on a réussi à retrouver la fillette perdue.

Rêver

de   Je rêve d'un appartement très confortable.

que   J'ai rêvé qu'il y avait le feu dans la ville. Quelle horreur !

Risquer

de + infinitif   Ne te penche pas par la fenêtre ! Tu risques de tomber !

S

Savoir

+ infinitif	Est-ce que tu sais faire les crêpes ?
que + indicatif	Je sais que Paul et Virginie vont se marier dans trois mois.
pourquoi, comment, si, ...	Je ne sais pas à quelle heure l'avion doit décoller.

Sembler

+ adjectif	Ce livre semble intéressant. Je vais l'acheter.
Il me semble que + ind.	Il me semble qu'il n'y aura pas assez de places pour tout le monde.

Sentir

qqch	En entrant dans la maison, j'ai senti une bonne odeur de café.
	Oh ! Cette pièce sent le tabac.
que + indicatif	J'ai bien senti qu'il valait mieux ne rien dire.

Servir

qqch à qqn	Le garçon a servi un énorme couscous au client de la table n° 5.
à + infinitif	Cet appareil sert à faire des jus de fruits.

Se servir de

	Je ne sais pas me servir de cette machine. Vous pourriez m'expliquer ?

Sortir

	Qu'est-ce que tu fais ce soir ? Je sors avec des copains.
de + un lieu	L'homme est sorti de l'immeuble en courant.
qqch d'un lieu	Georges a sorti la voiture du garage.

Souhaiter

qqch à qqn	Je souhaite beaucoup de bonheur aux jeunes mariés.
que + subjonctif	Le professeur souhaite que ses étudiants aient une bonne note à l'examen.

Se souvenir

de qqn	C'était un homme formidable. Je me souviendrai toujours de lui !
de qqch	Je ne me souviens pas de l'endroit où j'ai acheté ce disque.
que + indicatif	Souviens-toi que la porte sera fermée à minuit !

T

Téléphoner

à qqn	Il téléphone chaque soir à sa fiancée.

Tenir

qqch	Ce joueur tient sa raquette de la main gauche.
à qqch	Je tiens beaucoup à toutes ces vieilles photos. Elles me rappellent mon enfance.

Se tromper

de qqch	Désolé d'être en retard ! Je me suis trompé d'autobus.

Trouver

qqch	Il a trouvé un studio grâce à une petite annonce.
que + indicatif	Je trouve que ce film est nul. Je ne te le conseille pas !

V

Valoir

qqch	Ce foulard vaut 150 euros.
Il vaut mieux	
+ infinitif	Il vaut mieux envoyer cette lettre en recommandé.
que + subjonctif	Je me lève tôt demain. Il vaut mieux que j'aille me coucher.

Venir

	On va à la piscine. Tu viens, oui ou non ?
+ un lieu	Il est venu en France pour étudier la médecine.
de + lieu	Ce délicieux café vient de Colombie.
de + infinitif	Ils viennent d'avoir un enfant.

Voir

	Allume la lampe ! On ne voit rien ici !
qqch / qqn	J'irai voir ce film pendant le week-end.
que + indicatif	Je vois qu'il y a beaucoup de gens là-bas. Qu'est-ce qui se passe ?

Vouloir

qqch	Je voudrais une glace au café, s'il vous plaît !
+ infinitif	Joseph, est-ce que tu veux faire un tour de manège ?
que + subjonctif	« Je ne veux pas que tu fasses de l'auto-stop » dit le père à sa fille.

Index

187

Table des matières

AUTOUR DU VERBE

AUTOUR DU NOM

LES MOTS INVARIABLES

POUR EXPRIMER ...

ANNEXES

Imprimé en Italie par G. Canale & C. S.p.A. Turin
Dépôt légal éditeur : 79549-11/2006
Collection 23 - Edition 03
1551316